NUDELSALATE

Einfach, schnell & raffiniert

DIE DR. OETKER GELING- GARANTIE

UNSER VERSPRECHEN

Liebe Leser*innen,

mit den Rezepten in unseren Koch- und Backbüchern möchten wir Sie und Ihre Lieben glücklich machen. Zum Glück braucht es den Erfolg, und den kaufen Sie mit jedem Dr. Oetker Buch gleich mit.

Dafür gibt es die Dr. Oetker Geling-Garantie. Sie ist unser Versprechen, dass alle Rezepte aus diesem Buch ganz einfach und sicher gelingen. Die Geling-Garantie startet schon bei der Zutatenliste: Alle Zutaten, die wir verwenden, sollten Sie leicht in Ihrem Supermarkt vor Ort einkaufen können. Jeder Zubereitungsschritt ist klar und einfach nachvollziehbar.

Eine Garantie können wir Ihnen aber auch deshalb mit gutem Gewissen geben, weil alle Rezepte dieses Buches von unserem erfahrenen Team entwickelt wurden. Anschließend haben wir jedes Gericht in einer ganz normalen Küche nachgekocht oder nachgebacken. Immer wieder. So lange, bis wir uns sicher waren, dass es gelingt. Und zwar auch bei Ihnen zu Hause.

Was wir versprechen, halten wir auch. Sollte beim Kochen oder Backen eines unserer Rezepte dennoch etwas danebengehen oder Ihnen einfach nicht schmecken, dann lassen Sie es uns wissen. Schreiben Sie oder rufen Sie uns an! Wir werden das Rezept nochmals kritisch prüfen und Ihnen helfen herauszufinden, woran es gelegen haben könnte. Sie erreichen uns unter der Telefonnummer +49 (0) 89 / 5 48 25 15-0. Oder schreiben Sie uns eine E-Mail unter: redaktion-oetker@edel.com

Natürlich freuen wir uns aber auch über weitere Rückmeldungen und über Lob. Ihre Ideen, Kommentare und Fragen können Sie jederzeit auch über Facebook posten: www.facebook.com/Dr.OetkerVerlag. Wir sind für Sie da. Garantiert.

Mit herzlichen Grüßen
Ihre Dr. Oetker Redaktion

ALLGEMEINE HINWEISE ZU DEN REZEPTEN

UNSER TIPP

Lesen Sie bitte vor der Zubereitung – besser noch vor dem Einkauf – das Rezept einmal vollständig durch. Oft werden Arbeitsabläufe oder -zusammenhänge dann klarer.

ARBEITSSCHRITTE

Die Zutaten sind in der Reihenfolge ihrer Verarbeitung aufgeführt. Die Arbeitsschritte sind einzeln hervorgehoben, in der Reihenfolge, in der sie von uns ausprobiert wurden.

ZUBEREITUNGSZEITEN

Die angegebene Zubereitungszeit schließt die Dauer der Vorbereitung und die eigentliche Zubereitung mit ein. Sie ist ein Anhaltswert und kann je nach individuellem Geschick oder Übung natürlich ein wenig variieren. Längere Wartezeiten wie zum Beispiel Kühl- oder Abkühlzeiten oder auch Auftauzeit sind in der Regel nicht in der Zubereitungszeit enthalten. Einzige Ausnahme: In dieser Zeit sind parallel andere Arbeitsschritte zu tun. Die Garzeiten sind extra ausgewiesen. Bei einigen Rezepten setzt sich die Gesamt-Garzeit aus mehreren Teil-Garzeiten zusammen.

ZUBEREITUNGSZEIT UND GARZEIT

Die in den Rezepten angegebenen Backofentemperaturen und Garzeiten sind Richtwerte, die je nach individueller Hitzeleistung Ihres Backofens über- oder unterschritten werden können. Prüfen Sie nach Beendigung der angegebenen Garzeit, ob das Gericht/Gebäck gar ist. Die Temperaturangaben in diesem Buch beziehen sich auf Elektrobacköfen. Die Temperatur-Einstellungsmöglichkeiten für Gasbacköfen variieren je nach Hersteller, sodass wir keine allgemeingültigen Angaben machen können. Bitte beachten Sie deshalb bei der Einstellung des Backofens die Gebrauchsanleitung des Herstellers. Ein Backofenthermometer eignet sich dabei gut, um die Backofentemperatur im Blick zu haben.

EINSCHUBHÖHE

In den Rezepten in diesem Buch ist die Einschubhöhe immer dann die Mitte des Backofens, wenn nichts anderes angegeben ist.

HINWEISE ZU DEN NÄHRWERTEN

Bei den Nährwertangaben in den Rezepten handelt es sich um auf- bzw. abgerundete ganze Werte. Aufgrund von ständigen Rohstoffschwankungen und/oder Rezepturveränderungen bei Lebensmitteln kann es zu Abweichungen kommen. Die Nährwertangaben dienen daher lediglich Ihrer Orientierung und eignen sich nur bedingt für die Berechnung eines Diätplans.

ABKÜRZUNGEN UND SYMBOLE

EL	Esslöffel
TL	Teelöffel
Msp.	Messerspitze
Pck.	Packung/Päckchen
g	Gramm
kg	Kilogramm
ml	Milliliter
l	Liter
evtl.	eventuell
geh.	gehäuft
gem.	gemahlen
ger.	gerieben
gestr.	gestrichen
TK	Tiefkühlprodukt
°C	Grad Celsius
ø	Durchmesser

KALORIEN-/NÄHRWERTANGABEN

E	Eiweiß
F	Fett
Kh	Kohlenhydrate
kcal	Kilokalorien

RATGEBER

Dauerbrenner: Nudelsalate

Wer liebt sie nicht: Nudelsalate. Der Hit bei jedem Familienessen, auf dem Buffet und beim Grillfest sind sie auf jeden Fall. Und sie schmecken nicht nur am Tag der Feier, sondern auch am Morgen danach.

Mit einfachen Zutaten, die überall erhältlich sind, zaubern Sie klassische und ausgefallene Köstlichkeiten. Hier finden Sie Salate als Beilage und als Hauptgericht, für das Picknick und zum Mitnehmen ins Büro.

Nudeln: Lang, kurz, lecker!

Nudeln gibt es in vielen Formen und Farben, gefüllt und ungefüllt, getrocknet und als Frischteigwaren im Kühlregal. Sie sind problemlos in der Vorratshaltung – vor allem getrocknete Nudeln sind sehr lange haltbar – und einfach und schnell in der Zubereitung.

Kurz entscheiden

Selbst gemacht oder fertig – es gibt die Wahl zwischen Teigwaren aus Mehl, Wasser, Salz und Ei oder Teigwaren aus Hartweizengrieß, Mehl, Wasser und Salz ohne Ei.

Probieren Sie auch Nudeln aus Buchweizen, Hülsenfrüchten, Dinkel und Reis.

Rund um den Erdball findet man Varianten von Nudeln: Spätzle und Maultaschen aus Deutsch-

land, Pasta aus Italien, griechische Kritharaki oder Glasnudeln, Ramen und Soba aus Japan. Glutenfrei und besonders einweißreich sind Nudeln aus Linsen- oder Kichererbsenmehl. Sie halten sich kühl und trocken mindestens ein Jahr und sind in weniger als 20 Minuten zuzubereiten.

Italienische Pastavarianten wie Spaghetti, Penne oder Cannelloni sind allen bekannt. Abwechslung in die Küche bringen Sorten aus Fernost wie Reis-, Glas-, Ramen- oder Mie-Nudeln. Sie werden meist nicht mit Weizenmehl, sondern mit Reismehl, Mungobohnenstärke oder auf der Basis von Algenarten hergestellt. Sie sind lange haltbar und in den unterschiedlichen Formen erhältlich. Viele asiatische Nudeln muss man nicht kochen; es reicht das Überbrühen der sogenannten Instant-Nudeln mit heißer Flüssigkeit.

Nudelns „al dente" kochen

Bissfeste Nudeln sind essenziell für einen perfekten Nudelsalat.

Kochen:

Beim Kochen lieber den größeren Topf nehmen, denn Nudeln sollten immer in reichlich Wasser gegart werden. Dann können sie sich ausdehnen und kleben nicht zusammen. Rechnen Sie pro 100 Gramm Nudeln je 1 Liter Wasser. Der Topf sollte mit dem Wasser und den Nudeln nur zu zwei Dritteln gefüllt sein. Daher ab einer Nudelmenge von 400–500 g lieber 2 Töpfe verwenden.

Salzen:

Wenn das Wasser kocht, Salz und Nudeln hineingeben. Pro Liter Wasser rechnet man 1 Teelöffel Salz.

Umrühren:
Da Nudeln schäumen, die Nudeln ohne Deckel bei mittlerer Hitze nach Packungsanleitung unter gelegentlichem Umrühren bissfest, also „al dente" garen.

Probieren:
Um den richtigen Zeitpunkt nicht zu verpassen, gegen Ende der Garzeit häufiger eine Nudel probieren. Die Garzeit für frische Nudeln ist viel kürzer als für getrocknete.

Abgießen:
Die garen Nudeln in ein Sieb geben, für Nudelsalate mit kaltem Wasser abspülen und abtropfen lassen. Nudeln, die nach dem Kochen noch weitergegart werden, etwa als Auflauf im Ofen, sollten Sie etwas früher abgießen.

Tipps und Pannenhilfe

Mythos Öl im Nudelwasser:
Der kleine Schuss Öl im Nudelwasser, damit die Nudeln nicht zusammenkleben, bringt nichts. Er schwimmt an der Oberfläche und verhindert später, dass das Dressing gut an den Nudeln haftet. Besser regelmäßig umrühren.

Das Auge isst mit:
Haben Sie noch Salatblätter übrig? Arrangieren Sie z. B. portionsweise Nudelsalat auf einigen Salatblättern.

Klebrige Nudeln:
Wenn die Nudeln nach dem Kochen zusammenkleben, kann man es beim nächsten Mal besser machen: Immer wieder umrühren und das richtige „Mischungsverhältnis" von 1 l Wasser für jeweils 100 g Nudeln nehmen.

Weiche Nudeln:
Wenn man „al dente" definitiv verpasst hat, kann aus den gekochten Nudeln noch ein Pfannengericht zubereitet werden! Die weichen Nudeln mit kaltem Wasser abschrecken, abtropfen lassen, mit verschlagenen Eiern verrühren und in einer Pfanne mit etwas Butter oder Öl knusprig anbraten.

Gut vorbereitet für Gäste

Wer für eine größere Runde kocht, sollte vorher bedenken, wie viele Kinder oder Senioren dabei sind und welche Ernährungsgewohnheiten bzw. Unverträglichkeiten zu beachten sind. Bei der Menge können Sie sich an diesen Angaben orientieren:

- Für ein Büfett (ab 12 Personen) rechnet man durchschnittlich mit 700–800 g Lebensmitteln pro Person.
- Für Menschen mit gutem Appetit etwa 1 kg Lebensmittel einplanen, für Gäste mit wenig Appetit reichen auch 600 g.
- Für einen kleinen Salat, der nur als Beilage gereicht werden soll, rechnen Sie 60–80 g Nudeln pro Portion ein.
- Soll der Nudelsalat als Hauptspeise gereicht werden, planen Sie mit 100–125 g pro Portion.

ANTIPASTI-NUDELSALAT

 Zubereitungszeit:
etwa 25 Minuten
Vegetarisch

ZUTATEN FÜR 4 PERSONEN

350 g Rigatoni

Salz

etwa 350 g Antipastigemüse
aus dem Kühlregal, z. B. ein-
gelegte Auberginen, Zucchini,
Paprika oder getrocknete
Tomaten

etwa 100 g abgetropfte
schwarze Olivenringe
(aus dem Glas)

2 Kugeln Büffelmozzarella,
je 125 g

etwa 50 g Pinien- oder
Sonnenblumenkerne

2–3 Knoblauchzehen

4–5 EL heller Balsamicoessig

4 EL Olivenöl

2 EL Walnussöl

1 EL Honig

gem. Pfeffer

Pro Portion:

E: 27 g, F: 80 g, Kh: 74 g,
kcal: 1143

1. Die Nudeln in kochendem Salzwasser nach Packungsanleitung bissfest garen.

2. Anschließend die Nudeln in ein Sieb geben, dabei das Nudelwasser auffangen und 2–3 Esslöffel davon abnehmen. Die Nudeln kurz mit kaltem Wasser abspülen und abtropfen lassen. Rigatoni in eine Schüssel geben.

3. Antipastigemüse, Olivenringe und Mozzarella getrennt in einem Küchensieb abtropfen lassen.

4. Pinien- oder Sonnenblumenkerne in einer Pfanne ohne Fett unter Rühren goldgelb rösten und auf einen Teller geben.

5. Für das Dressing Knoblauch abziehen und durch eine Presse drücken. Knoblauch, Essig und Öle miteinander verschlagen. Mit Salz, Pfeffer und Honig abschmecken.

6. Abgetropftes Antipastigemüse in Streifen schneiden und zusammen mit den Olivenringen und dem Dressing zu den Nudeln in die Schüssel geben. Alles miteinander vermengen.

7. Büffelmozzarella in grobe Würfel schneiden oder mit den Fingern klein zupfen und zum Salat geben. Mozzarella behutsam unter die Nudeln heben, bei Bedarf ein weiteres Mal mit Salz und Pfeffer abschmecken. Antipastisalat mit Pinien- oder Sonnenblumenkernen bestreut servieren.

 TIPPS:

Wer mag, garniert den Salat noch mit frisch gehobeltem Parmesankäse (etwa 15 g) und einigen Basilikumblättchen (von 2–3 Stängeln).

Anstelle vom Büffelmozzarella kann auch die gleiche Menge Mozzarella aus Kuhmilch verwendet werden.

BROKKOLI-NUDEL-SALAT

Zubereitungszeit: 25 Minuten
Vegan

ZUTATEN FÜR 6 PERSONEN

200–250 g vegane Muschel-
nudeln (oder andere Pasta
nach Wahl)

Salz

500 g Brokkoli

2 Schalotten

1 große Knoblauchzehe

30 g abgetropfte, getrocknete Tomatenhälften, in Öl

125 ml mildes Olivenöl

gem. Pfeffer

ger. Muskatnuss

100 g kleine rosé
Champignons

140 g abgetropfter
Gemüsemais (aus der Dose)

1–2 TL Schwarzkümmel-
samen

Für das Sesamdressing:

100 ml kräftige Gemüsebrühe

100 ml Pflanzendrink, z. B.
Hafer-, Dinkel- oder Reisdrink

1 ½ EL Zitronensaft

1–2 TL milder Senf

1 EL geschälte Sesamsamen

2 EL geröstetes Sesamöl

Pro Portion:

E: 10 g, F: 27 g, Kh: 36 g,
kcal: 444

1. Die Nudeln in kochendem Salzwasser nach Packungsanweisung bissfest garen.

2. In der Zwischenzeit Brokkoli putzen, in Röschen teilen, abspülen und abtropfen lassen. Die dicken Stiele schälen und klein schneiden. Schalotten und Knoblauch abziehen und würfeln. Tomaten in Streifen schneiden.

3. Einen Esslöffel Olivenöl in einem Topf erhitzen. Schalotten- und Knoblauchwürfel darin glasig dünsten. Brokkoli, Tomatenstreifen und etwa 3 Esslöffel Wasser hinzugeben. Mit Salz, Pfeffer und Muskat würzen. Den Brokkoli zugedeckt etwa 5 Minuten bissfest dünsten. Danach Brokkoli und Tomatenstreifen abgießen und abtropfen lassen.

4. Für das Sesamdressing Gemüsebrühe, Pflanzendrink, Zitronensaft, Senf, Salz, Pfeffer und Sesamsamen in einen Mixer geben und kräftig durchmixen, dabei nach und nach Sesamöl und restliches Olivenöl untermixen, bis ein cremiges Dressing entsteht.

5. Die gegarten Nudeln in ein Sieb geben, mit heißem Wasser abspülen und abtropfen lassen. Nudeln mit dem Brokkoli, den Tomatenstreifen und dem Dressing in einer Schüssel mischen. Abkühlen lassen.

6. Champignons putzen, evtl. kurz abspülen, gut trocken tupfen und in dünne Scheiben schneiden.

7. Nudeln-Brokkoli-Tomaten- Mischung mit Salz und Pfeffer abschmecken, evtl. noch etwas Brühe untermischen. Champignonscheiben und Mais untermischen. Mit Schwarzkümmelsamen bestreuen.

CREMIGER NUDEL-SALAT MIT LAUCH

 Zubereitungszeit: 25 Minuten
Vegetarisch

ZUTATEN FÜR 4 PORTIONEN

1 Stange Lauch

500 g Pilze, z. B. Wiesen-champignons oder Kräutersaitlinge

300 g Nudeln, z. B. Fusilli

Salz

2–3 EL Olivenöl

gem. Pfeffer

1 EL flüssiger Honig

4 EL Sherryessig

2 Knoblauchzehen

150 g Crème fraîche

abger. Schale und Saft von 1 Bio-Zitrone (unbehandelt, ungewachst)

60 g frisch ger. Parmesan

Pro Portion:

E: 20 g, F: 21 g, Kh: 61 g, kcal: 534

1. Den Lauch putzen, die Stange gründlich waschen, abtropfen lassen und in Scheiben schneiden. Die Lauchscheiben evtl. nochmals kurz unter fließendem kalten Wasser abspülen und abtropfen lassen. Pilze putzen, evtl. kurz abspülen, gut trocken tupfen und in dünne Scheiben schneiden.

2. Die Nudeln in kochendem Salzwasser nach Packungsanleitung bissfest garen.

3. Anschließend die Nudeln in ein Sieb geben, dabei das Nudelwasser auffangen und 2–3 Esslöffel davon abnehmen. Die Nudeln kurz mit kaltem Wasser abspülen und abtropfen lassen.

4. Olivenöl in einer Pfanne erhitzen. Die Lauch- und Pilzscheiben darin bei starker Hitze etwa 5 Minuten unter Rühren anbraten. Mit Salz und gemahlenem Pfeffer würzen, Honig hinzugeben und durchschwenken, mit Essig ablöschen.

5. Für das cremige Dressing Knoblauch abziehen und durch eine Knoblauchpresse drücken. Knoblauch mit Crème fraîche, Zitronenschale und -saft, dem abgenommenen Nudelwasser und der Hälfte vom geriebenen Parmesan verrühren. Dressing mit Salz und Pfeffer abschmecken.

6. Angebratene Lauch- und Pilzscheiben mit den Nudeln vermischen. Dressing unterheben und mit dem restlichen Parmesan bestreut servieren.

 TIPPS:

Wer mag, kann den Nudelsalat nach Belieben mit gerösteten Brotwürfeln (Croûtons), gerösteten Pinienkernen oder einigen Walnusskernen bestreuen.

FARFALLE-SCHICHTSALAT

 Zubereitungszeit: 30 Minuten, ohne Durchziehzeit
Vegetarisch

ZUTATEN FÜR 6 PORTIONEN

250 g bunte Farfalle (Schmetterlingsnudeln)

Salz

375 g TK-Romanesco-Mix-Gemüse

300 g Tomaten

125 g Schafskäse

Für die Sauce:

1 kleine Zwiebel

1–2 Knoblauchzehen

250 g Joghurt (3,5 % Fett)

100 g Kräuter-Doppelrahm-Frischkäse

65 g Kräuter-Crème-fraîche

1 TL klein geschnittene Basilikumblättchen

gem. Pfeffer

evtl. einige Basilikumstreifen

Pro Portion:

E: 16 g, F: 17 g, Kh: 37 g, kcal: 378

1. Die Nudeln in kochendem Salzwasser nach Packungsanleitung bissfest garen.

2. Anschließend die Nudeln in ein Sieb geben, mit kaltem Wasser abspülen und abtropfen lassen.

3. Gefrorenes Gemüse in kochendem Salzwasser etwa 5 Minuten garen. Gemüse in einem Sieb abtropfen und erkalten lassen.

4. Tomaten abspülen, abtrocknen, halbieren und die Stängelansätze herausschneiden. Tomaten in Scheiben schneiden. Schafskäse in Würfel schneiden.

5. Für die Sauce Zwiebel und Knoblauch abziehen, klein würfeln. Joghurt mit Frischkäse, Crème fraîche und Basilikum verrühren. Zwiebel- und Knoblauchwürfel unterrühren. Die Sauce mit Pfeffer abschmecken.

6. Die vorbereiteten Salatzutaten in einer hohen Glasschüssel oder Gläsern einschichten, dazu der Reihe nach ein Drittel Sauce, Nudeln, Gemüse, Tomatenscheiben und Schafskäsewürfel einschichten. Noch einmal wiederholen.

7. Den Salat nach Belieben mit Basilikumstreifen bestreuen, zugedeckt in den Kühlschrank stellen und gut durchziehen lassen.

FUSILLI MIT GERÖSTETEN KICHERERBSEN

 Zubereitungszeit: 50 Minuten
Vegan

ZUTATEN FÜR 4 PORTIONEN

390 g abgetropfte Kichererbsen (aus der Dose)

150 g getrocknete Tomaten (aus dem Glas)

2 Knoblauchzehen

3 EL Olivenöl

1 EL Tomatenmark

1 EL Apfelessig

Salz

gem. Pfeffer

250 g vegane Nudeln, z. B. Fusilli

½ Bund glatte Petersilie

2 Stängel Koriander

Pro Portion:

E: 16 g, F: 29 g, Kh: 64 g, kcal: 599

1. Den Backofen vorheizen. Ober-/Unterhitze: etwa 180 °C Heißluft: etwa 160 °C

2. Kichererbsen abspülen, abtropfen lassen und in eine Schüssel geben. Knoblauch abziehen.

3. Getrocknete Tomaten, Olivenöl, Tomatenmark, Essig und Knoblauch in einen hohen Mixbecher geben und pürieren. Mit Salz und Pfeffer würzen, zu den Kichererbsen in die Schüssel geben und gut vermischen.

4. Kichererbsen auf einem Backblech (mit Backpapier belegt) so verteilen, dass jede Kichererbse, wenn möglich für sich liegt und sich nicht berühren.

5. Das Backblech in den vorgeheizten Backofen schieben. Die Kichererbsen 20–30 Minuten rösten. Sie sollen zwar fest, aber nicht kross werden. Die gerösteten Kichererbsen etwas abkühlen lassen.

6. In der Zwischenzeit die Nudeln in kochendem Salzwasser nach Packungsanleitung bissfest garen.

7. Anschließend die Nudeln in ein Sieb geben, kurz mit kaltem Wasser abspülen und tropfnass mit den gerösteten Kichererbsen in eine Salatschüssel geben und gut vermischen. Den Salat mit Salz und Pfeffer abschmecken.

8. Petersilie und Koriander abspülen, trocken tupfen und die Blättchen von den Stängeln zupfen, Blättchen nach Wunsch klein schneiden.

9. Den Salat mit den Kräutern bestreuen und servieren.

GLASNUDELSALAT „THAISTYLE"

 Zubereitungszeit: 25 Minuten
Vegetarisch

ZUTATEN FÜR 4 PORTIONEN

200 g Glasnudeln
350–400 g Brokkoli
Salz
1 rote Paprikaschote
3 Frühlingszwiebeln
2 EL Sesamsamen

Für das Dressing:

1–2 Knoblauchzehen
1 walnussgroßes Stück Ingwer
2 EL scharfe Chilisauce, z. B. Srirachasauce
2 EL helle Sojasauce
4 EL Weißweinessig
1 EL flüssiger Honig
3 EL Erdnussöl
1 EL Sesamöl
gem. Pfeffer
75 g gesalzene und geröstete Erdnusskerne

Pro Portion:

E: 10 g, F: 22 g, Kh: 56 g, kcal: 483

1. Glasnudeln mit heißem Wasser übergießen und 10–15 Minuten quellen lassen.

2. Brokkoli putzen, in kleine mundgerechte Röschen teilen, abspülen, abtropfen lassen und in kochendem Salzwasser 3–4 Minuten blanchieren. Brokkoli in Eiswasser abschrecken und in einem Sieb abtropfen lassen.

3. Paprikaschote halbieren, entstielen, entkernen und die weißen Scheidewände entfernen. Schote abspülen, abtropfen lassen und in feine Streifen schneiden. Frühlingszwiebeln putzen, abspülen, abtropfen lassen und schräg in feine Scheiben schneiden. Sesam in einer Pfanne ohne Fett 2–3 Minuten goldgelb rösten.

4. Für das Dressing Knoblauch abziehen und durch eine Knoblauchpresse drücken. Ingwer schälen und mit einer Küchenreibe fein raffeln.

5. Gequollene Glasnudeln in einem Sieb abtropfen lassen.

6. Knoblauch und Ingwer in einer Rührschüssel mit Chili- und Sojasauce, Essig, Honig, Erdnuss- und Sesamöl verschlagen. Mit Salz und Pfeffer würzen.

7. Abgetropfte Glasnudeln, vorbereitetes Gemüse und Erdnusskerne in eine Salatschüssel geben und mit dem Dressing übergießen. Alle Zutaten vorsichtig miteinander vermischen und nochmals mit Salz und Pfeffer abschmecken.

8. Den Glasnudelsalat mit dem gerösteten Sesam bestreut servieren.

 TIPP:

Der Glasnudelsalat passt gut zu Gegrilltem oder kann auch als eigenständiges Gericht gegessen werden.

KALIFORNISCHER REISNUDELSALAT MIT TOFU

Zubereitungszeit: 30 Minuten
Vegetarisch

ZUTATEN FÜR 4 PORTIONEN

300 g Risoninudeln
oder Kritharaki
(griechische Reisnudeln)

Salz

20 g ganze Mandeln

100 g kernlose Weintrauben

200 g Tofu

1 EL Weizenmehl

3 EL Traubenkernöl oder
Erdnussöl

4 EL Sojasauce

4 EL Salatmayonnaise

2 EL Joghurt (3,5 % Fett)

gem. Pfeffer

etwas Ahornsirup

Pro Portion:

E: 20 g, F: 27 g, Kh: 63 g,
kcal: 588

1. Die Nudeln in kochendem Salzwasser nach Packungsanleitung bissfest garen.

2. Anschließend die Nudeln in ein Sieb geben, dabei das Nudelwasser auffangen und 2–3 Esslöffel davon abnehmen. Die Nudeln kurz mit kaltem Wasser abspülen und abtropfen lassen.

3. Mandeln in einer Pfanne ohne Fett 3–4 Minuten unter Rühren anrösten, herausnehmen, abkühlen lassen und grob hacken. Weintrauben abspülen, abtropfen lassen, entstielen und halbieren.

4. Tofu in etwa 2 cm dicke Würfel schneiden und in Mehl wenden. Traubenkern- oder Erdnussöl in einer beschichteten Pfanne erhitzen. Die mehlierten Tofuwürfel darin von allen Seiten etwa 8 Minuten bei mittlerer Hitze knusprig braun braten. Die Pfanne von der Kochstelle nehmen und die Tofuwürfel mit Sojasauce ablöschen.

5. Die Reisnudeln in eine Schüssel geben, Tofuwürfel zusammen mit den Mandeln und Weintrauben zu den Reisnudeln in die Schüssel geben. Die Zutaten miteinander vermischen.

6. Mayonnaise, Joghurt und das abgenommene Nudelwasser zum Salat geben und unterheben. Den fertig gemischten Salat nochmals mit Salz, Pfeffer und etwas Ahornsirup abschmecken.

 TIPP:

Wer den Salat etwas kräftiger mag, hackt 2 Esslöffel Kapern fein und hebt das mit unter den Salat. Nicht-Vegetarier geben noch zusätzlich 2–3 gehackte Sardellenfilets dazu.

MEDITERRANER NUDELSALAT MIT TOFU

Zubereitungszeit: 30 Minuten
Durchziehzeit: über Nacht
Vegan

ZUTATEN FÜR 4 PORTIONEN

200 g Tofu

1 kleines Bund mediterrane Kräuter, z. B. Rosmarin, Thymian, Majoran

2–3 Knoblauchzehen

5 EL Olivenöl

3 EL Weißweinessig

Salz

gem. Pfeffer

250 g vegane Kritharaki, griechische Reisnudeln

150 g Cocktailtomaten

1 kleines Bund Basilikum

100 g abgetropfte Kalamata Oliven, mit Stein

3 EL abgetropfte feine Kapern

Pro Portion:

E: 17 g, F: 19 g, Kh: 48 g, kcal: 446

1. Den Tofu über Nacht marinieren. Dafür den Tofu in etwa 1 ½ cm dicke Würfel schneiden. Kräuter abspülen, trocken tupfen und die Blättchen bzw. Nadeln von den Stängeln zupfen. Blättchen und Nadeln klein schneiden. Knoblauch abziehen und durch eine Knoblauchpresse drücken.

2. Olivenöl, Essig, Knoblauch, Kräuter und gewürfelten Tofu in einer Schüssel gut miteinander vermengen. Mit Salz und Pfeffer würzen. Marinierten Tofu zugedeckt über Nacht im Kühlschrank durchziehen lassen.

3. Am nächsten Tag die Reisnudeln in kochendem Salzwasser nach Packungsanleitung leicht bissfest garen.

4. Die gegarten Reisnudeln in ein Sieb geben, mit kaltem Wasser abspülen und gut abtropfen lassen. Nicht kalt abspülen. Die Nudeln sollen die Salatsauce aufnehmen können. Während der Abkühlphase hin und wieder umrühren.

5. Tomaten abspülen, gut abtropfen lassen und vierteln, dabei die Stängelansätze entfernen. Basilikum abspülen, trocken tupfen und die Blättchen von den Stängeln zupfen.

6. Die marinierten Tofuwürfel in einem Sieb abtropfen lassen und die Marinade dabei auffangen.

7. Die Reisnudeln in einer Schüssel mit der aufgefangenen Marinade mischen, mit Salz und Pfeffer abschmecken. Tofuwürfel, Tomatenviertel, Oliven und Kapern hinzugeben und mit den Reisnudeln vermischen.

8. Zum Servieren den Nudelsalat mit Basilikumblättchen bestreuen.

TIPP:

Kritharaki sind griechische Reisnudeln. Sie werden zu 100 % aus Hartweizengrieß hergestellt. Sie sehen aus wie Reiskörner, sind aber Nudeln.

MINI-NUDELSALAT

 Zubereitungszeit: 30 Minuten
Vegetarisch

ZUTATEN FÜR 2 PORTIONEN

250 g Mini-Nudeln,
z. B. Penne oder Farfalle

Salz

90 g abgetropfte getrocknete
Tomaten, in Öl (aus dem Glas)

80 g abgetropfte schwarze
Oliven, ohne Stein

1 Knoblauchzehe

1 EL Tomatenmark

2 EL kaltes Wasser

1 EL Balsamico-Essig

gem. Pfeffer

2 EL Olivenöl

einige Basilikumblättchen

30 g Parmesan, im Stück

Pro Portion:

E: 26 g, F: 26 g, Kh: 103 g,
kcal: 764

1. Die Mini-Nudeln in kochendem Salzwasser nach Packungsanleitung bissfest kochen, dabei gelegentlich umrühren.

2. Anschließend die Nudeln in ein Sieb geben, mit kaltem Wasser abspülen, abtropfen lassen und in eine Schüssel geben.

3. Die Tomaten in feine Streifen und die Oliven in Ringe schneiden. Die Tomatenstreifen und Olivenringe unter die Nudeln mischen. Knoblauch abziehen und durch eine Knoblauchpresse drücken oder fein würfeln.

4. Knoblauch mit Tomatenmark, Wasser und Essig verrühren, mit Salz und Pfeffer würzen. Olivenöl unterschlagen. Die Sauce unter die Nudeln heben.

5. Basilikumblättchen abspülen, trocken tupfen und klein schneiden. Den Parmesan mit einem Sparschäler dünn hobeln. Den Salat mit Basilikum und Parmesan bestreut servieren.

 TIPPS:

Für den Salat eignen sich auch andere Nudelsorten wie z. B. Makkaroni-Chips, Hörnchen oder Muschelnudeln.

Besonders hübsch lässt sich der Nudelsalat in kleinen Gläsern anrichten.

Soll der Nudelsalat als Beilage gereicht werden, reicht die Menge für 4 Portionen.

Noch würziger wird der Salat, wenn das Olivenöl durch Tomatenöl ersetzt wird. Dafür das Tomatenöl beim Abtropfen der Tomaten auffangen.

Lieblingsrezept Nr.

9

NUDELSALAT MIT GRÜNEM SPARGEL

 Zubereitungszeit: 30 Minuten, ohne Durchziehzeit
Vegetarisch

ZUTATEN FÜR 4 PORTIONEN

1 Bund grüner Spargel (etwa 450 g
4 EL Zitronensaft
2 EL Weißweinessig
1 EL flüssiger Honig
6 EL Olivenöl
3 EL Rapsöl
Salz
gem. Pfeffer
4 EL Sonnenblumenkerne
250 g Orecchiette (Öhrchennudeln)
250 g Cocktailtomaten
½ Kopf Friséesalat

Pro Portion:

E: 13 g, F: 28 g, Kh: 52 g, kcal: 537

1. Vom Spargel die Enden abschneiden und das untere Drittel schälen. Die Spargelstangen jeweils schräg in 2–3 Stücke schneiden und diese längs halbieren. Spargel in eine flache Schale legen.

2. Zitronensaft mit Essig und Honig verrühren, Oliven- und Rapöl unterschlagen. Mit Salz und Pfeffer würzen. Die Marinade auf den Spargelstücken verteilen und den Spargel etwa 30 Minuten durchziehen lassen.

3. Sonnenblumenkerne in einer Pfanne ohne Fett unter Rühren kurz anrösten und beiseitestellen.

4. In der Zwischenzeit die Nudeln in kochendem Salzwasser nach Packungsanleitung bissfest garen.

5. Anschließend die Nudeln in ein Sieb geben, dabei das Nudelwasser auffangen und 2–3 Esslöffel davon abnehmen. Die Nudeln kurz mit kaltem Wasser abspülen und abtropfen lassen. Dabei sollten die Nudeln nicht ganz kalt werden.

6. Cocktailtomaten abspülen, trocken tupfen und halbieren, dabei die Stängelansätze entfernen. Den Friséesalat putzen, abspülen, trocken tupfen und in mundgerechte Stücke zupfen.

7. Spargel aus der Marinade nehmen, gut abtropfen lassen und in einer beschichteten Pfanne 3–4 Minuten anbraten.

8. Friséesalat, Tomatenhälften und Nudeln in eine Schüssel geben. Die Marinade mit dem abgenommenen Nudelwasser verrühren, gut mit Salz und gemahlenem Pfeffer abschmecken. Als Dressing mit in die Schüssel geben. Spargel unterheben. Alle Zutaten miteinander vermischen und mit den beiseitegestellten, gerösteten Sonnenblumenkernen bestreut servieren.

 TIPP:

Wer mag, löscht die angerösteten Sonnenblumenkerne mit 2–3 Esslöffeln Sojasauce ab.

Lieblingsrezept Nr.

10

NUDELSALAT MIT PESTO

 Zubereitungszeit: 20 Minuten, ohne Durchziehzeit
Vegetarisch

ZUTATEN FÜR 2 PORTIONEN

250 g Nudeln,
z. B. Farfalle

Salz

2–3 EL grünes Pesto,
z. B. Pesto Genovese

etwa 10 Cocktailtomaten

gem. Pfeffer

Pro Portion:

E: 17 g, F: 4 g, Kh: 91 g,
kcal: 478

1. Die Nudeln in kochendem Salzwasser nach Packungsanleitung bissfest garen.

2. Anschließend die Nudeln in ein Sieb geben (dabei 2–3 Esslöffel vom Kochwasser auffangen). Die Nudeln kurz abspülen und abtropfen lassen. Das Pesto mit dem aufgefangenen Nudelkochwasser verrühren und die noch heißen Nudeln damit vermischen, alles etwa 30 Minuten durchziehen lassen.

3. Tomaten abspülen und abtrocknen, evtl. halbieren. Vor dem Servieren den Salat mit Salz und Pfeffer würzen. Tomaten unterheben.

Rezeptvariante 1:
Für ein **Rucolapesto** 1 Bund Rucola (etwa 100 g) verlesen und dicke Stängel abschneiden. Rucola abspülen, gut abtropfen lassen und klein schneiden. 50 g Pinienkerne oder Sonnenblumenkerne in einer Pfanne ohne Fett unter Wenden anrösten, herausnehmen und abkühlen lassen. Pinienkerne, 3 abgezogene Knoblauchzehen, 1 gestrichener Teelöffel Salz und 150 ml Olivenöl in einem hohen Rührbecher fein pürieren. Rucola hinzugeben, nochmals kurz pürieren. 120 g fein geraspelten Parmesan unterrühren. Pesto mit Salz und Pfeffer abschmecken. Das Pesto in ein sauberes Schraubglas füllen. So ist es etwa 7 Tage im Kühlschrank haltbar.

Rezeptvariante 2:
Für ein **Bärlauchpesto** 2 Bund Bärlauch (etwa 90 g) putzen, abspülen, trocken tupfen oder trocken schleudern und klein schneiden. 50 g Pinienkerne in einer Pfanne ohne Fett unter Wenden goldbraun rösten, herausnehmen und auf einem Teller abkühlen lassen. Pinienkerne, 100 ml Olivenöl und 50 ml Keimöl in einem hohen Rührbecher fein pürieren. Bärlauch hinzugeben, nochmals kurz pürieren. 120 g fein geraspelten Parmesan unterrühren, mit Salz und Pfeffer würzen. Das Pesto ist im Kühlschrank etwa 7 Tage haltbar.

ORIENTALISCHER PASTASALAT MIT GRANATAPFEL

 Zubereitungszeit: 35 Minuten
Garzeit: etwa 30 Minuten
Vegetarisch

ZUTATEN FÜR 4 PORTIONEN

1 kleiner Kopf Blumenkohl
1 Aubergine
2 Knoblauchzehen
½ EL Currypulver, indisch
4 EL Sojasauce
7 EL Olivenöl
Salz
gem. Pfeffer
100 g grüne Linsen
250 g Risoninudeln oder
Kritharaki (griechische
Reisnudeln)
2–3 Stängel glatte Petersilie
2–3 Stängel Koriander

Für das Dressing:

2 EL Joghurt (3,5 % Fett)
2 EL Tahin (Sesampaste)
3 EL Apfelessig
etwas flüssiger Honig
100 g Granatapfelkerne

Pro Portion:

E: 21 g, F: 23 g, Kh: 68 g,
kcal: 595

1. Den Backofen vorheizen. Ober-/Unterhitze: etwa 180 °C Heißluft: etwa 160 °C

2. Blumenkohl putzen und in mundgerechte Röschen teilen. Blumenkohlröschen abspülen und abtropfen lassen. Aubergine abspülen, abtropfen lassen und in mundgerechte Stücke schneiden. Knoblauch abziehen und durch eine Knoblauchpresse drücken. Das Gemüse in eine Schüssel geben. Knoblauch mit Curry und Sojasauce verrühren. 4 Esslöffel Olivenöl unterschlagen. Das Gemüse damit marinieren. Mit Salz und Pfeffer würzen.

3. Das Gemüse auf einem Backblech (mit Backpapier belegt) verteilen. Das Backblech in den vorgeheizten Backofen schieben. Das Gemüse etwa 30 Minuten garen.

4. Linsen in einem Sieb unter fließendem kalten Wasser gründlich abspülen, abtropfen lassen und in einen Topf geben. Wasser zugießen und die Linsen nach Packungsanleitung garen. Gegarte Linsen in einem Sieb abtropfen und abkühlen lassen. Dabei die Linsen hin und wieder durchmischen.

5. In der Zwischenzeit die Nudeln in kochendem Salzwasser nach Packungsanleitung bissfest garen.

6. Anschließend die Nudeln in ein Sieb geben, dabei das Nudelwasser auffangen und 2–3 Esslöffel davon abnehmen. Die Nudeln mit kaltem Wasser abspülen und abtropfen lassen.

7. Petersilie und Koriander abspülen, trocken tupfen und die Blättchen von den Stängeln zupfen. Blättchen klein schneiden.

8. Für das Dressing abgenommenes Nudelwasser mit Joghurt, Tahin und Essig verrühren, restliches Olivenöl unterschlagen. Gut mit Salz, Pfeffer und Honig abschmecken.

9. Reisnudeln, Blumenkohlröschen, Auberginenstücke und Linsen in einer Salatschüssel vorsichtig mischen. Dressing unterheben, evtl. nochmals mit Salz und Pfeffer abschmecken.

10. Orientalischen Pastasalat mit den Kräutern und Granatapfelkernen bestreut servieren.

PASTASALAT MIT GEBACKENEM KÜRBIS

 Zubereitungszeit: 35 Minuten
Backzeit: etwa 30 Minuten,
Vegetarisch

ZUTATEN FÜR 4 PORTIONEN

½ Hokkaido-Kürbis

1 TL Paprikapulver edelsüß

1 TL getr. Kräuter, z. B. Kräuter der Provence

8 EL Olivenöl

Salz

gem. Pfeffer

260 g abgetropfte Kichererbsen (aus Dosen)

2 Knoblauchzehen

½ TL Chilipulver

250 g Nudeln, z. B. Farfalle

50 g Rucola (Rauke)

80 g getrocknete Tomaten in Öl (aus dem Glas)

Für das Dressing:

4 EL Apfelessig

1 EL flüssiger Honig

1 Msp. gem. Kurkuma (Gelbwurz)

Pro Portion:

E: 15 g, F: 33 g, Kh: 70 g, kcal: 65

1. Den Backofen vorheizen. Heißluft: etwa 200 °C

2. Kürbis abspülen, mit Küchenpapier abtrocknen und mit einem Löffel das Kerngehäuse entfernen. Das Fruchtfleisch in mundgerechte Stücke (z. B. Würfel oder kleine Spalten) schneiden und in einer Schüssel mit Paprika, Kräutern der Provence und 2 Esslöffeln Olivenöl marinieren. Kürbisstücke mit Salz und Pfeffer würzen und auf einem Backblech (mit Backpapier belegt) verteilen. Das Backblech in den vorgeheizten Backofen schieben. Kürbisstücke etwa 30 Minuten garen, bis er weich ist.

3. Kichererbsen in einem Sieb abspülen und abtropfen lassen. Knoblauch abziehen und durch eine Knoblauchpresse drücken. Kichererbsen in einer Schüssel mit Knoblauch, Chili und 2 Esslöffeln von dem restlichen Olivenöl marinieren. Mit Salz und Pfeffer würzen. Kichererbsen auf einem 2. Backblech (mit Backpapier belegt) so verteilen, dass sie sich nicht berühren. Das Backblech mit in den heißen Backofen (unteres Drittel) schieben. Die Kichererbsen etwa 20 Minuten rösten. Sie sollten dabei fest, aber nicht zu kross werden.

4. In der Zwischenzeit die Nudeln in kochendem Salzwasser nach Packungsanleitung bissfest garen.

5. Anschließend die Nudeln in ein Sieb geben, dabei das Nudelwasser auffangen und 2–3 Esslöffel davon abnehmen. Die Nudeln mit kaltem Wasser abspülen und abtropfen lassen.

6. Rucola verlesen und die dicken Stiele abschneiden. Rucola abspülen und trocken tupfen. Getrocknete Tomaten (Öl muss nicht abtropfen) klein schneiden.

7. Für das Dressing abgenommenes Nudelwasser mit Essig, Honig und Kurkuma verrühren. Restliches Olivenöl unterschlagen. Mit Salz und Pfeffer kräftig abschmecken.

8. Nudeln, abgekühlten Kürbis, Kichererbsen und klein geschnittene Tomaten in eine Salatschüssel geben und vermischen. Dressing unterheben, evtl. nochmals mit Salz und Pfeffer abschmecken.

9. Farfallesalat mit Rucola bestreut servieren.

PASTASALAT MIT LINSEN

 Zubereitungszeit: 35 Minuten
Bratzeit: 30–35 Minuten
Vegetarisch

ZUTATEN FÜR 4 PORTIONEN

2–3 rote Zwiebeln

2 Knoblauchzehen

2 rote Paprikaschoten

300 g kleine bunte Cocktailtomaten

2 Stängel Thymian

1 EL grobes Meersalz

gem. Pfeffer

10 EL Olivenöl

150 g Puy-Linsen

300 g Maccheroni oder Trofienudeln

3 Stängel glatte Petersilie

etwa 80 g Rucola (Rauke)

Für das Dressing:

2 Stängel Basilikum

5 EL Rotweinessig

1 EL flüssiger Honig

4 EL geröstete und gesalzene Erdnuss- oder Cashewkerne

Pro Portion:

E: 26 g, F: 38 g, Kh: 80 g, kcal: 800

1. Den Backofen vorheizen. Ober-/Unterhitze: etwa 200 °C Heißluft: etwa 180 °C

2. Zwiebeln und Knoblauch abziehen. Zwiebeln achteln, sodass kleine Schiffchen entstehen. Knoblauch durch eine Knoblauchpresse drücken. Paprikaschoten halbieren, entstielen, entkernen und die weißen Scheidewände entfernen. Die Schoten in etwa 1 cm breite Streifen schneiden. Tomaten abspülen und trocken tupfen.

3. Thymian abspülen, trocken tupfen und die Blättchen von den Stängeln zupfen. Alle vorbereiteten Zutaten mit dem Meersalz, Pfeffer und 5 Esslöffeln Olivenöl in eine Schüssel geben und vermischen. Die Gemüsemischung gleichmäßig auf einem Backblech (mit Backpapier belegt) verteilen und 30–35 Minuten garen, bis sie leicht gebräunt und saftig ist.

4. in der Zwischenzeit Linsen in einem Sieb unter fließendem kalten Wasser gründlich abspülen, abtropfen lassen und in einen Topf geben. Wasser hinzugießen und zum Kochen bringen. Linsen zugedeckt etwa 20 Minuten bei schwacher Hitze kochen lassen.

5. Gegarte Linsen in einem Sieb abtropfen und abkühlen lassen. Dabei hin und wieder durchmischen.

6. Die Nudeln in kochendem Salzwasser nach Packungsanleitung bissfest garen.

7. Anschließend die Nudeln in ein Sieb geben, dabei das Nudelwasser auffangen und 2–3 Esslöffel davon abnehmen. Nudeln mit kaltem Wasser abspülen und abtropfen lassen.

8. Petersilie abspülen, trocken tupfen und die Blättchen von den Stängeln zupfen, Blättchen klein schneiden. Rucola putzen und die dicken Stiele abschneiden. Rucola abspülen und trocken tupfen.

9. Für das Dressing Basilikum abspülen, trocken tupfen und die Blättchen von den Stängeln zupfen, Blättchen klein schneiden. Abgenommenes Nudelwasser mit Essig, Honig und Basilikum verrühren. Restliches Olivenöl unterschlagen, mit Salz und Pfeffer würzen.

10. Die Nudeln, das gegarte Gemüse vom Backblech mit dem entstanden Saft und die Linsen in einer Salatschüssel vorsichtig vermischen. Dressing unterheben, evtl. nochmals mit Salz und Pfeffer abschmecken.

11. Pastasalat noch warm mit Rucolablättern, klein geschnittener Petersilie und Erdnuss- oder Cashewkernen bestreut servieren.

PASTASALAT MIT SAUBOHNEN

 Zubereitungszeit: 30 Minuten, ohne Durchziehzeit
Vegetarisch

ZUTATEN FÜR 4 PORTIONEN

500 g Saubohnen (frisch oder TK)

Salz

250 g Spaghetti

Für das Dressing:

4 Schalotten

4 EL Olivenöl

etwa 10 Salbeiblätter

1 Knoblauchzehe

abger. Schale und Saft von 1 Bio-Zitrone (unbehandelt, ungewachst)

gem. Pfeffer

1 Prise Zucker oder etwas flüssiger Honig

Pro Portion:

E: 17 g, F: 12 g, Kh: 62 g, kcal: 439

1. Bohnen in kochendem Salzwasser etwa 5 Minuten garen. Bohnen in ein Sieb geben und mit kaltem Wasser abschrecken. Die Kerne aus den Häutchen drücken.

2. In der Zwischenzeit die Nudeln in kochendem Salzwasser nach Packungsanleitung bissfest garen.

3. Anschließend die Nudeln in ein Sieb geben, dabei das Nudelwasser auffangen und 2–3 Esslöffel davon abnehmen. Die Nudeln mit kaltem Wasser abspülen und abtropfen lassen.

4. Für das Dressing Schalotten abziehen und in feine Würfel schneiden. Olivenöl in einer Pfanne erhitzen und die Schalottenwürfel darin 4–5 Minuten glasig dünsten. Salbeiblätter abspülen, trocken tupfen und in Streifen schneiden. Knoblauch durch eine Knoblauchpresse drücken. Salbeistreifen und Knoblauch zu den Schalottenwürfelchen geben und 1–2 Minuten mit andünsten. Mit Zitronensaft und abgenommenem Nudelwasser ablöschen, mit Salz, Pfeffer und Zucker oder Honig abschmecken.

5. Vorbereitete Saubohnen und Zitronenschale mit in die Pfanne geben und mit dem Dressing vermischen.

6. Noch warme, marinierte Bohnen in einer Schüssel mit den Nudeln mischen und 10–15 Minuten durchziehen lassen. Evtl. nochmals mit Salz, Pfeffer und Zucker oder Honig abschmecken. Nach Belieben noch mit einigen Salbeiblättchen anrichen.

 TIPP:

Wer mag, bestreut den Pastasalat nach Belieben noch mit gerösteten und gesalzenen Cashewkernen.

PASTASALAT MIT TAHINDRESSING

Zubereitungszeit: 35 Minuten
Backzeit: etwa 30 Minuten
Vegan

ZUTATEN FÜR 4 PORTIONEN

240 g abgetropfte schwarze
Bohnen (aus der Dose)

200 g Spinat

2 Knoblauchzehen

½ Hokkaido-Kürbis

8 EL Olivenöl

Salz

gem. Pfeffer

1 Zucchini

250 g vegane kurze Nudel,
z. B. Gemelli (Spiralnudel)

Für das Dressing:

2 EL Tahin (Sesampaste)

2 EL helle Sojasauce

abger. Schale und Saft von
1 Bio-Zitrone
(unbehandelt, ungewachst)

½ TL gem. Kreuzkümmel
(Cumin)

½ TL Chilipulver

Pro Portion:

E: 17 g, F: 25 g, Kh: 64 g,
kcal: 567

1. Den Backofen vorheizen.
Ober-/Unterhitze: etwa 220 °C
Heißluft: etwa 200 °C

2. Die Bohnen in einem Sieb
abspülen und abtropfen lassen.
Spinat verlesen, dicke Stiele
abschneiden. Spinat gründlich
waschen und trocken schleudern. Knoblauch abziehen und
durch eine Knoblauchpresse
drücken.

3. Kürbis abspülen, trocken
tupfen und mit einem Löffel das
Kerngehäuse entfernen. Das
Fruchtfleisch in mundgerechte
Stücke (z. B. Würfel oder kleine
Spalten) schneiden und in einer
Schüssel mit dem Knoblauch und
2 Esslöffeln Olivenöl marinieren.
Kürbisstücke mit Salz und
gemahlenem Pfeffer würzen und
auf einem Backblech (mit
Backpapier belegt) verteilen. Das
Backblech in den vorgeheizten
Backofen schieben. Den Kürbis
etwa 30 Minuten backen, bis er
weich ist.

4. Zucchini abspülen, trocken
tupfen und die Enden abschneiden. Zucchini längs halbieren
und schräg in halbmondartige,
dünne Scheiben schneiden. Ist
der Kürbis etwa 20 Minuten im
Backofen gegart, die geschnittene Zucchini mit auf dem Backblech verteilen und weitere etwa
10 Minuten mitgaren.

5. Die Nudeln in kochendem
Salzwasser nach Packungsanleitung bissfest garen.

6. Anschließend die Nudeln in
ein Sieb geben, dabei das Nudelwasser auffangen und 2–3 Esslöffel davon abnehmen. Die Nudeln
kurz mit kaltem Wasser abspülen, abtropfen lassen und in eine
Salatschüssel geben.

7. Für das Dressing abgenommenes Nudelwasser mit Tahin,
Sojasauce, Zitronenschale, -saft,
Kreuzkümmel und Chili verrühren. 3 Esslöffel Olivenöl unterschlagen. Dressing mit Salz und
Pfeffer abschmecken.

8. Restliches Olivenöl in einer
Pfanne erhitzen. Vorbereiteten
Spinat und Bohnen hinzugeben.
Den Spinat und die Bohnen nur
so lange in der Pfanne garen, bis
der Spinat leicht zusammen
gefallen ist. Mit Salz und Pfeffer
würzen und zu den Nudeln in die
Salatschüssel geben.

9. Fertig gegarten Kürbis und
Zucchini aus dem Backofen
nehmen und 4–5 Minuten
abkühlen lassen. Das Gemüse zu
den Nudeln geben. Alle Zutaten
in der Salatschüssel vorsichtig
vermischen. Dressing unter den
Salat heben. Evtl. nochmals mit
Salz und Pfeffer abschmecken.
Den Salat noch warm servieren.

PENNESALAT MIT ZITRONENPESTO UND CASHEW

 Zubereitungszeit:
etwa 25 Minuten
Vegetarisch

ZUTATEN FÜR 4 PERSONEN

350 g Penne

Salz

Für das Pesto:

1 Bund Petersilie

2 Knoblauchzehen

4 EL geröstete und gesalzene Cashewkerne

3 EL Sonnenblumenöl

80 ml Olivenöl

30 g ger. Parmesankäse

abger. Schale von 1 Bio-Zitrone (unbehandelt, ungewachst)

gem. Pfeffer

1 Prise Zucker

Pro Portion:

E: 17 g, F: 37 g, Kh: 67 g, kcal: 685

1. Die Nudeln in kochendem Salzwasser nach Packungsanleitung bissfest garen.

2. Anschließend die Nudeln in ein Sieb geben, dabei das Nudelwasser auffangen und 2–3 Esslöffel davon abnehmen. Die Nudeln kurz mit kaltem Wasser abspülen und abtropfen lassen. Anschließend die Nudeln in eine Schüssel geben.

3. Für das Pesto Petersilie abspülen, trocken tupfen, die Blättchen von den Stängeln zupfen und grob hacken. Knoblauch abziehen, durch eine Presse drücken und zusammen mit 2 Esslöffeln Cashewkerne sowie dem Sonnenblumenöl in einen hohen Becher geben. Alles mit einem Pürierstab fein pürieren.

4. Olivenöl hinzugeben und kurz mit pürieren. 20 g vom Parmesan unter das Pesto rühren. Beiseite gestelltes Nudelwasser und Zitronenschale einrühren. Das Pesto mit Salz, Pfeffer und Zucker abschmecken.

5. Fertiges Pesto zu den Nudeln geben. Pesto und Penne miteinander vermischen und mit den restlichen Cashewkernen und Parmesan bestreut servieren.

Rezeptvariante:
Für einen **Pennesalat mit Nektarinen** 500 g Penne nach Packungsanleitung bissfest garen. Anschließend die Nudeln in ein Sieb geben, kurz mit kaltem Wasser abspülen und abtropfen lassen. 1 Fenchelknolle putzen, abspülen, abtropfen lassen, halbieren und in feine Streifen schneiden. 3 Handvoll Rucola (etwa 120 g) verlesen und die dicken Stängel abschneiden. Rucola abspülen, trocken tupfen oder trocken schleudern. Rucola evtl. etwas kleiner zupfen. 2 Nektarinen abspülen, abtrocknen und halbieren. Die Steine entfernen. Die Nektarinenhälften in dünne Spalten schneiden. 185 g abgetropfte, entsteinte schwarze Oliven (aus dem Glas) und 2 Esslöffel rotes Pesto (aus dem Glas) mit den Nudeln gut vermischen, evtl. noch etwas Öl von den Oliven hinzugeben. Fenchelstreifen, Nektarinenspalten und Rucola untermischen. Den Nudelsalat mit Salz und Pfeffer abschmecken.

 TIPP:

Anstelle der Cashewkerne können auch geröstete Sonnenblumenkerne, Erdnüsse oder Pinienkerne verwendet werden.

PICKNICKSALAT IM GLAS

 Zubereitungszeit: 40 Minuten
Garzeit: etwa 20 Minuten
Vegetarisch

ZUTATEN FÜR 4 GLÄSER

Für den Pastasalat:

250 g Nudeln, z. B. Fussili
Salz
2 gelbe Paprikaschoten
140 ml Olivenöl
gem. Pfeffer
100 g Sonnenblumenkerne
400 g Cherrytomaten
200 g Salatgurke
2 Frühlingszwiebeln
200 g Fetakäse

Für die Sauce:

1 Bio-Zitrone (unbehandelt, ungewachst)
50 g Crème fraîche
4 TL flüssiger Honig

Zusätzlich:

4 große Einmachgläser mit Deckel (je etwa 500 ml Inhalt)

Pro Glas:

E: 24 g, F: 64 g, Kh: 59 g, kcal: 922

1. Für den Pastasalat die Nudeln in kochendem Salzwasser nach Packungsanleitung bissfest garen.

2. Anschließend die Nudeln in ein Sieb geben, mit kaltem Wasser abspülen, abtropfen und erkalten lassen.

3. Den Backofen vorheizen. Ober-/Unterhitze: etwa 200 °C Heißluft: etwa 180 °C

4. Die Paprikaschoten halbieren, entstielen, entkernen und die weißen Scheidewände entfernen. Schoten abspülen, abtropfen lassen und in dünne Streifen schneiden. Paprikastreifen mit 3 Esslöffeln Olivenöl mischen, mit Salz und Pfeffer würzen. Paprikastreifen auf einem Backblech (mit Backpapier belegt) verteilen und in den vorgeheizten Backofen schieben. Paprikastreifen etwa 20 Minuten garen.

5. Das Backblech auf einen Rost stellen und die Paprikastreifen erkalten lassen.

6. Sonnenblumenkerne in einer Pfanne ohne Fett unter Wenden goldbraun rösten. Auf einen Teller geben und erkalten lassen.

7. Die Cherrytomaten abspülen, abtropfen lassen, halbieren und die Stängelansätze herausschneiden. Gurke abspülen, trocken tupfen und in kleine Würfel schneiden. Frühlingszwiebeln putzen, abspülen, abtropfen lassen und in feine Scheiben schneiden. Fetakäse würfeln.

8. Für die Sauce die Zitrone heiß abwaschen, abtrocknen und die Schale fein abreiben. Zitrone halbieren und den Saft auspressen. Zitronensaft und -schale mit restlichem Olivenöl, Crème fraîche und Honig mit einem Schneebesen verrühren. Mit Salz und Pfeffer würzen.

9. Zuerst die Sauce in 4 vorbereiteten Gläsern verteilen. Dann Nudeln, Gurkenwürfel, Tomatenhälften, Fetakäse, Frühlingszwiebelscheiben, Paprikastreifen und zum Schluss die Sonnenblumenkerne schichtweise hinzufügen.

PIKANTER NUDEL- SALAT MIT GEBRATE- NEN MÖHREN

 Zubereitungszeit: 30 Minuten
Vegetarisch

ZUTATEN FÜR 4 PORTIONEN

etwa 400 g Möhren
80 g Walnusskerne
3–4 EL Olivenöl
Salz
gem. Pfeffer
1 getrocknete Chilischote
etwas flüssiger Honig
80 ml weißer Balsamico-Essig
300 g Farfalle
1 süß-saurer Apfel, z. B. Cox Orange

Für das Dressing:

2 EL Salatmayonnaise
2 EL Crème fraîche

Pro Portion:

E: 13 g, F: 30 g, Kh: 69 g,
kcal: 621

1. Die Möhren putzen, schälen, abspülen und gut abtropfen lassen. Möhren schräg in dünne Scheiben schneiden. Walnusskerne in einer Pfanne ohne Fett 2–3 Minuten unter Wenden leicht anrösten.

2. Olivenöl in einer Pfanne erhitzen. Die Möhrenscheiben darin bei mittlerer Hitze unter Wenden anbraten. Sie dürfen dabei gern etwas Farbe nehmen. Mit Salz und Pfeffer würzen. Chilischote mit den Fingern zerbröseln und zusammen mit dem Honig zu den Möhren geben. Alles gut vermengen und mit etwa der Hälfte von dem Balsamico-Essig ablöschen. Möhren auf Zimmertemperatur abkühlen lassen.

3. In der Zwischenzeit die Nudeln in kochendem Salzwasser nach Packungsanleitung bissfest garen.

4. Anschließend die Nudeln in ein Sieb geben, dabei das Nudelwasser auffangen und 2–3 Esslöffel davon abnehmen. Die Nudeln kurz mit kaltem Wasser abspülen, abtropfen lassen und in eine Salatschüssel geben.

5. Apfel abspülen, gut abtropfen lassen, vierteln und entkernen. Den Apfel zuerst in dünne Scheiben, dann in streichholzdicke Stäbchen schneiden. Apfelstifte und die abgekühlten Möhrenscheiben zu den Nudeln in die Schüssel geben und alles vorsichtig miteinander vermengen.

6. Für das Dressing Mayonnaise mit Crème fraîche, restlichem Balsamico-Essig und abgenommenem Nudelwasser verrühren, mit Salz und Pfeffer würzen. Dressing zu der Nudelmischung in die Schüssel geben und gut untermischen. Den Nudelsalat mit den gerösteten Walnusskernen bestreut servieren.

 TIPP:

Nicht-Vegetarier servieren zu dem Nudelsalat in Scheiben geschnittenes kaltes Roastbeef.

SOBANUDEL-SALAT MIT SHIITAKE

 Zubereitungszeit: 25 Minuten, Vegetarisch

ZUTATEN FÜR 4 PORTIONEN

250 g asiatische Buchweizen-
nudeln (Soba; ersatzweise
z. B. Weizen- oder Dinkel-Voll-
kornspaghetti)

Salz

25–30 g abgetropfter,
eingelegter Ingwer (Gari)

2 EL heller Essig, z. B. Reis-
oder Weißweinessig

1 EL Zitronensaft

3–4 EL Sojasauce

gem. Pfeffer

2 EL Sesamöl

5 EL Soja- oder Rapsöl

150 g TK-Erbsen

2 mittelgroße Möhren

125 g Shiitakepilze
(alternativ Champignons)

2–3 Frühlingszwiebeln

evtl. etwa 50 ml heiße
Gemüsebrühe

1–2 EL Noriflocken (getrocknete Algen in feinen Streifen;
z. B. aus dem Naturkost-
laden)

Pro Portion:
E: 14 g, F: 20 g, Kh: 52 g,
kcal: 451

1. Die Nudeln in kochendem Salzwasser nach Packungsanleitung bissfest garen.

2. In der Zwischenzeit den Ingwer fein hacken. Mit Reis- oder Weinessig, Zitronensaft, Sojasauce, Pfeffer, Sesamöl und 1 Esslöffel Soja- oder Rapsöl in einer Schüssel verschlagen.

3. Gegarte Nudeln in einem Sieb gut abtropfen lassen und noch heiß mit der Marinade mischen. Nudeln lauwarm abkühlen lassen.

4. In der Zwischenzeit die Erbsen antauen lassen. Möhren putzen, schälen, abspülen, abtropfen lassen und in sehr feine Streifen schneiden oder auf einer Küchenreibe nicht zu fein raspeln. Pilze putzen, evtl. kurz abspülen, trocken tupfen und sehr dicke Stiele abschneiden. Große Pilze evtl. halbieren.

5. Einen Esslöffel Soja- oder Rapsöl in einer Pfanne erhitzen. Die Erbsen darin unter Wenden etwa ½ Minute knackig andünsten. Mit den Möhrenstreifen unter die Nudeln mischen.

6. Frühlingszwiebeln putzen, abspülen und abtropfen lassen. Frühlingszwiebeln in feine Scheiben schneiden. Restliches Soja- oder Rapsöl zum verbliebenen Bratfett in die Pfanne geben und erhitzen. Die Pilze darin bei starker Hitze unter Wenden 1–2 Minuten braten. Frühlingszwiebelscheiben kurz mitbraten, mit Salz und Pfeffer würzen.

7. Die Pilz-Frühlingszwiebel-Mischung ebenfalls unter die Nudeln mischen. Evtl. noch etwas heiße Brühe unter den Salat rühren. Salat mit Sojasauce und Pfeffer abschmecken. Mit den Noriflocken anrichten.

 TIPP:

Sie lieben es angenehm feinwürzig-scharf und leicht exotisch? Dann streuen Sie vor dem Servieren 1–2 Handvoll frische Daikon-Kresse über den Salat.

ZITRUS-PASTASALAT

 Zubereitungszeit:
etwa 30 Minuten
Vegetarisch

ZUTATEN FÜR 4 PERSONEN

300 g Tortiglioni
Salz
4 Eier (Größe M)
1 rote Zwiebel
1 Knoblauchzehe
2 Stängel Petersilie
1 kleines Bund Schnittlauch
etwa 50 g Rucola (Rauke)
½ Bund Radieschen

Für das Dressing:

abger. Schale und Saft von 1 Bio-Zitrone (unbehandelt, ungewachst)
1 EL flüssiger Honig
1 EL körniger Senf
80 ml Olivenöl
20 ml Walnussöl
gem. Pfeffer

Pro Portion:

E: 17 g, F: 31 g, Kh: 59 g,
kcal: 601

1. Die Nudeln in kochendem Salzwasser nach Packungsanleitung bissfest garen.

2. Anschließend die Nudeln in ein Sieb geben, dabei das Nudelwasser auffangen und 2–3 Esslöffel davon abnehmen. Die Nudeln kurz mit kaltem Wasser abspülen, abtropfen lassen und in eine Salatschüssel geben.

3. Eier in kochendem Wasser 8 Minuten kochen, mit kaltem Wasser abschrecken, pellen, in grobe Stücke oder in Sechstel schneiden.

4. Zwiebel und Knoblauch abziehen. Zwiebel in feine Scheiben schneiden und Knoblauch durch eine Presse drücken. Kräuter abspülen und trocken tupfen. Bei der Petersilie die Blättchen von den Stängeln zupfen und klein schneiden. Schnittlauch in Röllchen schneiden. Rucola abspülen, gut abtropfen lassen oder trocken schleudern und evtl. grob zerzupfen. Radieschen putzen, dabei die feinen, gut erhaltenen Blättchen abspülen, gut abtropfen lassen oder trocken schleudern und zum Rucola geben. Radieschen abspülen, abtropfen lassen und vierteln.

5. Für das Dressing beiseite gestelltes Nudelwasser, Zitronenschale und -saft mit Honig, Senf und den Ölen verrühren. Dressing mit Salz und Pfeffer abschmecken.

6. Alle vorbereiteten Zutaten bis auf das Dressing und die Eier zu den Nudeln geben und miteinander vermengen. Salatdressing unter den Salat heben.

7. Klein geschnittene Eier auf dem Salat verteilen und servieren.

 TIPPS:

Wer mag, garniert den Salat noch mit frischen Parmesanhobeln (etwa 20–30 g) und reicht knuspriges Roggenbaguette dazu.

Anstelle der Tortiglioni können Sie auch Rigatoni verwenden.

ZUCCHINI-PASTASALAT

 Zubereitungszeit: 30 Minuten
Vegetarisch

ZUTATEN FÜR 4 PORTIONEN

2 Zucchini (etwa 250 g)

2 rote Zwiebeln

2 Knoblauchzehen

250 g kurze Maccheroni

Salz

2 Stängel Thymian

2–3 Stängel Petersilie

4 EL Kürbiskerne

Für das Dressing:

4 EL Olivenöl

gem. Pfeffer

1 Prise Zucker

4–5 EL weißer Balsamicoessig

200 g Fetakäse

Pro Portion:

E: 23 g, F: 30 g, Kh: 51 g, kcal: 580

1. Zucchini abspülen, trocken tupfen und die Enden abschneiden. Mit einem Sparschäler oder einem Küchenhobel die Zucchini in sehr dünne Streifen schneiden.

2. Zwiebeln und Knoblauch abziehen. Zwiebeln halbieren und in Halbmonde schneiden. Knoblauch durch eine Knoblauchpresse drücken.

3. Die Nudeln in kochendem Salzwasser nach Packungsanleitung bissfest garen.

4. Anschließend die Nudeln in ein Sieb geben, dabei das Nudelwasser auffangen und 2–3 Esslöffel davon abnehmen. Die Nudeln kurz mit kaltem Wasser abspülen und abtropfen lassen. Dabei sollten die Nudeln nicht ganz kalt werden. Nudeln in eine Schüssel geben.

5. Thymian und Petersilie abspülen, trocken tupfen und die Blättchen von den Stängeln zupfen. Blättchen grob zerschneiden. Kürbiskerne in einer Pfanne ohne Fett unter Rühren 1–2 Minuten anrösten.

6. Für das Dressing Olivenöl in einer Pfanne erhitzen und die vorbereiteten Zwiebeln darin 3–4 Minuten glasig dünsten. Knoblauch und klein geschnittene Kräuter zu den Zwiebeln in die Pfanne geben und 1–2 Minuten mit andünsten.

7. Zucchinistreifen mit in die Pfanne geben, mit Salz, Pfeffer und 1 Prise Zucker würzen, Zucchinistreifen vorsichtig in der Pfanne wenden und bei mittlerer Hitze etwa 2 Minuten mitbraten. Mit Essig und abgenommenem Nudelwasser ablöschen. Vorsichtig mischen und den Pfanneninhalt in der Schüssel mit den Nudeln mischen.

8. Fetakäse mit einer Gabel oder den Fingern zerbröseln und zusammen mit den gerösteten Kürbiskernen über den Pastasalat streuen und servieren.

 TIPP:

Den Pastasalat gerne mit einigen Umdrehungen aus der Pfeffermühle garnieren. Wer mag, beträufelt den Salat noch mit etwa 4 Teelöffeln Kürbiskernöl.

CASARECCE-PASTA TO GO

ZUTATEN FÜR 4 PORTIONEN

200 g Casarecce-Pasta für Salate (oder alternativ z. B. Gnoccetti)

Salz

20 g gehobelte Haselnusskerne

100 g hauchdünne Scheiben Bacon (Frühstücksspeck)

etwa 110 ml heiße Gemüsebrühe

6 EL Zitronensaft

1 Prise Zucker

gem. Pfeffer

4 EL Olivenöl

1 Knoblauchzehe

Meersalz

1 Bund Schnittlauch

200 g Ringelbete (alternativ gelbe Bete oder Möhren)

1–2 feine Stangen Staudensellerie (etwa 120 g)

4 mittelgroße Frühlingszwiebeln

150 g Gorgonzola

150 g Joghurt (3,5 % Fett)

Pro Portion:

E: 20 g, F: 44 g, Kh: 44 g, kcal: 664

1. Die Nudeln in kochendem Salzwasser nach Packungsanleitung bissfest garen.

2. In der Zwischenzeit Haselnusskerne in einer Pfanne ohne Fett unter Rühren anrösten, herausnehmen und auf einen Teller geben. Speckscheiben in der Pfanne bei mittlerer Hitze knusprig rösten, herausnehmen und auf Küchenpapier erkalten lassen.

3. Das entstandene Bratfett evtl. etwas abgießen. Dann 3 Esslöffel Brühe und 4 Esslöffel Zitronensaft in die Pfanne geben, kurz erhitzen. Mit Zucker, Salz, Pfeffer und 2 Esslöffeln Olivenöl in einer Schüssel verrühren. Knoblauch abziehen, fein würfeln und mit etwas Meersalz bestreut fein zerreiben. Schnittlauch abspülen, trocken tupfen und in feine Röllchen schneiden. Schnittlauchröllchen und Knoblauch unter das Dressing rühren.

4. Anschließend die gegarten Nudeln in ein Sieb geben, mit kaltem Wasser abspülen, abtropfen lassen und mit dem Dressing gut vermischen. Die Nudeln erkalten lassen.

5. Ringelbete schälen, evtl. kurz abspülen, trocken tupfen und in feine Scheiben hobeln oder schneiden. Restliches Olivenöl in der gesäuberten Pfanne erhitzen. Ringelbetescheiben darin andünsten, mit Salz und Pfeffer würzen. Restlichen Zitronensaft hinzugeben und alles zugedeckt 3–4 Minuten bissfest dünsten. Dabei gelegentlich vorsichtig wenden.

6. Staudensellerie putzen, abspülen, abtropfen lassen und in feine Scheiben schneiden. Selleriescheiben zu den Ringelbetescheiben geben und 1–2 Minuten mit andünsten. Frühlingszwiebeln putzen, abspülen, trocken tupfen und fein schneiden. Frühlingszwiebeln unter die Nudeln mischen. Nudeln nochmals mit Salz, Pfeffer und evtl. noch etwas Brühe und Zitronensaft abschmecken.

7. Gorgonzola evtl. entrinden und grob würfeln, mit Joghurt und 50 ml heißer Brühe in einen hohen schmalen Mixbecher geben. Mit dem Pürierstab glatt durchmixen. Dressing mit etwas Pfeffer abschmecken. Speckscheiben in Stücke brechen.

8. Pastasalat nochmals abschmecken, mit Ringelbete, Frühlingszwiebeln, Speck und Haselnüssen in To-Go-Gläsern anrichten. Gorgonzola-Dip daraufgeben oder getrennt dazu transportieren.

FARFALLESALAT MIT PUTENFLEISCH

Zubereitungszeit: 45 Minuten

ZUTATEN FÜR 12 PORTIONEN

750 g Farfalle

Salz

500 g Putenbrustfilet

4 EL Speiseöl

gem. Pfeffer

450 g TK-Erbsen

Für die Salatsauce:

300 g Joghurt (3,5 % Fett)

150 g Salatmayonnaise

100 ml Schlagsahne
(mind. 30 % Fett)

6 EL Tomatenketchup

6 EL Apfelessig

350 g Cocktailtomaten

evtl. etwas heiße
Gemüsebrühe

eventuell etwas frisches
Basilikum

Pro Portion:

E: 22 g, F: 19 g, Kh: 53 g,
kcal: 482

1. Die Nudeln in kochendem Salzwasser nach Packungsanleitung bissfest garen. Anschließend die Nudeln in ein Sieb geben, mit kaltem Wasser abspülen und abtropfen lassen.

2. Inzwischen Putenbrustfilet mit Küchenpapier trocken tupfen und in etwa ½ cm breite Streifen schneiden. Speiseöl in einer Pfanne erhitzen. Die Fleischstreifen darin 3–5 Minuten von allen Seiten anbraten. Mit Salz und Pfeffer würzen. Fleischstreifen herausnehmen und abkühlen lassen.

3. Die gefrorenen Erbsen in kochendem Salzwasser 3–5 Minuten garen. Erbsen in ein Sieb geben, mit kaltem Wasser abschrecken, abtropfen und abkühlen lassen.

4. Für die Sauce Joghurt mit Mayonnaise, Sahne, Tomatenketchup und Apfelessig verrühren. Mit Salz und Pfeffer würzen. Die vorbereiteten Salatzutaten in einer Schüssel mischen. Die Joghurtmayonnaise vorsichtig unterheben. Den Salat bei Bedarf etwas durchziehen lassen (siehe Tipp).

5. Tomaten abspülen, abtropfen lassen und halbieren. Salat nochmals abschmecken, das Dressing eventuell mit etwas heißer Brühe flüssiger rühren. Tomaten unter den Salat mischen. Mit frischem Basilikum bestreut anrichten.

 TIPPS:

Noch würziger schmecken die gebratenen Putenbruststreifen, wenn Sie sie vor dem Braten mit 3 Esslöffeln Sojasauce und 1 fein gehackten Knoblauchzehe mischen und etwa 1 Stunde marinieren. Die Fleischstreifen dann abtropfen lassen, wie oben angegeben braten und noch warm auf dem Salat verteilen.

Damit sich Nudeln und Salatdressing optimal verbinden, den Salat, bis auf Tomaten, am besten bereits vom Vorabend zubereiten und mit Folie bedeckt im Kühlschrank durchziehen lassen. Am folgenden Tag, wenn die Nudeln die Salatsauce gut aufgesogen haben, das Dressing mit etwas heißer Gemüsebrühe wieder cremiger rühren. Dann kurz vor dem Servieren die Tomatenstückchen untermischen.

Wer sich das Braten der Fleischstreifen sparen möchte, kauft fertig gebratene Puten- oder Hähnchenbrust in Streifen (aus dem Kühlregal).

GLASNUDELSALAT MIT GERÖSTETEM HACKFLEISCH

 Zubereitungszeit: 45 Minuten

ZUTATEN FÜR 4 PORTIONEN

1 rote Chilischote

1 Knoblauchzehe

½ Bund Koriander

1 EL Speiseöl,
z. B. Maiskeimöl

500 g Gehacktes (halb Rind-,
halb Schweinefleisch)

Salz

2–3 EL Sojasauce

1 EL Fischsauce

Zucker

200 g Glasnudeln

200 g Zuckerschoten

1 Bund Frühlingszwiebeln

**Für die
Limettenmarinade:**

½ rote Chilischote

4 EL Limettensaft

einige Römersalatblätter

Pro Portion:

E: 28 g, F: 23 g, Kh: 54 g,
kcal: 542

1. Chilischote abspülen, trocken tupfen und klein schneiden. Knoblauch abziehen und ebenfalls klein schneiden. Koriander abspülen, trocken tupfen und die Blättchen von den Stängeln zupfen. Blättchen für die Marinade beiseitelegen. Die Korianderstängel klein schneiden.

2. Das Speiseöl in einer großen Pfanne erhitzen. Das Gehackte hineingeben, mit Salz, 1–2 Esslöffeln Sojasauce, Fischsauce, Chilischote, Knoblauch und 1 Prise Zucker würzen. Die Zutaten bei starker Hitze unter Rühren kräftig braun anbraten. Dabei die Fleischklümpchen mit einer Gabel zerdrücken. Korianderstängel unterrühren. Das gebratene Gehackte in eine Schüssel geben und erkalten lassen.

3. Die Glasnudeln nach Packungsanleitung zubereiten, anschließend mit einer Küchenschere in Stücke schneiden. Die Glasnudeln mit Salz und Sojasauce abschmecken und zum Gehackten in die Schüssel geben.

4. Von den Zuckerschoten die Enden abschneiden, evtl. abfädeln. Zuckerschoten abspülen, abtropfen lassen und in feine Streifen schneiden. Frühlingszwiebeln putzen, abspülen, abtropfen lassen, in feine Scheiben schneiden. Zuckerschotenstreifen und Frühlingszwiebelscheiben zu den Glasnudeln geben und vorsichtig unterheben.

5. Für die Marinade die Chilischotenhälfte entstielen, entkernen, abspülen, trocken tupfen und klein schneiden. Chili mit ½ Teelöffel Salz und 1 Prise Zucker unter den Limettensaft rühren. Die beiseitegelegten Korianderblätter grob zerzupfen.

6. Die Limettenmarinade kurz vor dem Servieren auf dem Salat verteilen und gut untermischen. Römersalatblätter abspülen und abtropfen lassen. Den Salat auf den Römersalatblättern anrichten, mit Korianderblättchen bestreuen und sofort servieren.

 TIPP:

Statt der Limettenmarinade können Sie Limettenviertel zum Selbstauspressen dazureichen.

KLASSISCHER NUDELSALAT

 Zubereitungszeit: etwa 25 Minuten, ohne Durchziehzeit

ZUTATEN FÜR 4–6 PORTIONEN

2 l Wasser
2 gestr. TL Salz
200 g Spiralnudeln
100 g TK-Erbsen
175 g abgetropfte Mandarinen (aus der Dose)
1 kleines Bund Frühlingszwiebeln
200 g Fleischwurst
100 g junger Gouda, am Stück

Für die Sauce:

100 g Salatmayonnaise
100 g Joghurt (3,5% Fett)
3 EL Zitronensaft
3–4 EL Mandarinensaft (von den abgetropften Mandarinen)
Salz
gem. Pfeffer
Zucker
einige Stängel Dill

Pro Portion:

E: 22 g, F: 45 g, Kh: 49 g, kcal: 698

1. Wasser in einem großen Topf zugedeckt zum Kochen bringen. Dann Salz und Nudeln hinzugeben. Die Nudeln im geöffneten Topf bei mittlerer Hitze nach Packungsanleitung bissfest kochen, dabei gelegentlich umrühren. Etwa 1 Minute vor Ende der Garzeit die TK-Erbsen mit in das Nudelwasser geben und mitgaren lassen.

2. Anschließend die Nudeln mit den Erbsen in ein Sieb geben, mit heißem Wasser abspülen und abtropfen lassen.

3. Von den Mandarinen den Saft auffangen. Die Frühlingszwiebeln putzen, abspülen, abtropfen lassen und in Scheiben schneiden. Von der Fleischwurst die Pelle abziehen, den Käse evtl. entrinden. Fleischwurst und Käse in etwa 1 cm große Würfel schneiden.

4. Für die Sauce Mayonnaise mit Joghurt, Zitronensaft und Mandarinensaft verrühren. Mit Salz, Pfeffer und etwas Zucker würzen. Nudeln mit Mandarinen, Frühlingszwiebelscheiben, Fleischwurst-, Käsewürfeln und der Sauce in einer großen Schüssel vorsichtig vermischen. Nudelsalat kurz durchziehen lassen.

5. Dill abspülen, trocken tupfen und die Spitzen von den Stängeln zupfen, Dill grob zerschneiden. Den Nudelsalat anrichten und mit Dill bestreut servieren.

 TIPPS:

Statt Fleischwurst klein geschnittene Wiener oder Bockwürstchen verwenden. Oder als pikante Variante in Würfel geschnittene Chorizo (spanische Paprikawurst) unter den Salat mischen.

Bei der vegetarischen Variante einfach die Wurst weglassen und durch 165 g abgetropften Gemüsemais (aus der Dose) ersetzen.

MAKKARONISALAT MIT KRÄUTERSAUCE

 Zubereitungszeit: 40 Minuten

ZUTATEN FÜR 12 PORTIONEN

600 g kurze Makkaroni

Salz

400 g Bratenfleisch-
aufschnitt

200 g gekochter Schinken

500 g Tomaten

je 1 grüne, rote und gelbe
Paprikaschote

10 Gewürzgurken

5 TL Kapern (aus dem Glas)

Für die Kräutersauce:

100 ml Weißweinessig

100 g Schlagsahne
(mind. 30 % Fett)

100 ml Olivenöl

gem. Pfeffer

Zucker

3 EL gehackte Petersilie

3 EL Schnittlauchröllchen

3 EL gehacktes Basilikum

Pro Portion:

E: 19 g, F: 13 g, Kh: 39 g,
kcal: 364

1. Makkaroni in etwa 2 cm lange Stücke brechen und in kochendem Salzwasser nach Packungsanleitung bissfest garen.

2. Anschließend die Nudeln in ein Sieb geben, mit kaltem Wasser abspülen, abtropfen und erkalten lassen.

3. Bratenfleisch und Schinken in Streifen schneiden. Tomaten abspülen, abtrocknen, vierteln, entkernen und die Stängelansätze herausschneiden. Tomaten in kleine Würfel schneiden.

4. Paprikaschoten halbieren, entstielen, entkernen und die weißen Scheidewände entfernen. Die Schoten abspülen, abtropfen lassen und in sehr dünne Streifen schneiden. Gurken und Kapern abtropfen lassen. Gurken in Würfel schneiden.

5. Die vorbereiteten Salatzutaten in eine Glasschüssel geben und gut vermischen.

6. Für die Sauce Essig mit Sahne halbsteif schlagen, Öl unterschlagen. Die Sauce mit Salz, Pfeffer und Zucker abschmecken. Petersilie, Schnittlauchröllchen und Basilikum unterrühren. Die Sauce unter den Salat heben.

 TIPP:

Die Nudeln für diesen Salat können Sie prima im Voraus garen und mit etwa der Hälfte der angerührten Kräutersauce und etwa 75 ml Gemüsebrühe mischen. Nudeln über Nacht zugedeckt gekühlt durchziehen lassen. Bereiten Sie dann die übrigen Salatzutaten zu und servieren alles mit der übrigen Sauce kurz vor dem Anrichten.

NUDELSALAT ALL'ARRABBIATA

 Zubereitungszeit: 30 Minuten

ZUTATEN FÜR 3–4 PORTIONEN

250 g Nudeln, z. B. Hörnchen

Salz

1 Knoblauchzehe

80 g Bacon in Scheiben (Frühstücksspeck)

200 g Cocktailtomaten

einige Stängel Petersilie

Für das Dressing:

150 g Joghurt (3,5 % Fett)

1 EL Tomatenmark

2 EL Balsamico- oder Weißweinessig

gem. Pfeffer

Zucker

1 Prise Chiliflocken oder Cayennepfeffer

15 abgetropfte schwarze Oliven, ohne Stein

50 g frisch gehobelter Parmesan

Pro Portion:

E: 20 g, F: 22 g, Kh: 57 g, kcal: 512

1. Die Nudeln in kochendem Salzwasser nach Packungsanleitung bissfest garen.

2. Anschließend die Nudeln in ein Sieb geben, mit kaltem Wasser abspülen und abtropfen lassen. Nudeln abkühlen lassen.

3. In der Zwischenzeit Knoblauch abziehen und fein würfeln. Bacon in kleine Würfel schneiden. Baconwürfel in einer heißen Pfanne ohne Fett anbraten. Knoblauchwürfel kurz mit anbraten. Das Ganze aus der Pfanne nehmen und auf einen Teller geben.

4. Tomaten abspülen, abtrocknen, halbieren und die Stängelansätze herausschneiden. Petersilie abspülen, trocken tupfen und die Blättchen von den Stängeln zupfen. Einige Blättchen zum Garnieren beiseitelegen. Restliche Blättchen klein schneiden.

5. Für das Dressing Joghurt mit Tomatenmark und Essig verrühren, mit Salz, Pfeffer, 1 Prise Zucker und 1 Prise Chili oder Cayennepfeffer würzen. Das Dressing unter die Nudeln mischen.

6. Tomatenhälften, Oliven, klein geschnittene Petersilie und Bacon-Knoblauch-Mischung hinzugeben, unter den Nudelsalat mischen. Nudelsalat evtl. nochmals mit Essig, Salz, Pfeffer, Zucker und Chili oder Cayennepfeffer abschmecken.

7. Den Nudelsalat in einer Schüssel oder Schale anrichten, mit gehobeltem Parmesan bestreuen und mit den beiseitegelegten Petersilienblättchen garniert servieren.

T TIPPS:

Der Salat schmeckt auch sehr gut mit Vollkornnudeln.

Essen Vegetarier mit, können Sie den Nudelsalat auch einfach ohne Bacon (Frühstücksspeck) zubereiten.

NUDELSALAT MIT PARMASCHINKEN UND MELONE

 Zubereitungszeit: 30 Minuten, ohne Durchziehzeit

ZUTATEN FÜR 4 PORTIONEN

200 g Nudeln, z. B. Penne

4 Tomaten (etwa 400 g)

einige Stängel Basilikum

3 Frühlingszwiebeln

4–6 EL Weißweinessig

2 TL mittelscharfer Senf

gem Pfeffer

1 Prise Zucker

3 EL Rapsöl

50 g schwarze Oliven mit Stein

300 g Honigmelonen-Fruchtfleisch

50 g Parmaschinken in Scheiben

Pro Portion:

E: 11 g, F: 13 g, Kh: 45 g, kcal: 340

1. Die Nudeln in kochendem Salzwasser nach Packungsanleitung bissfest garen.

2. Anschließend die Nudeln in ein Sieb geben, mit kaltem Wasser abspülen und abtropfen lassen.

3. Tomaten abspülen, abtrocknen, halbieren und die Stängelansätze herausschneiden. Tomaten fein würfeln.

4. Basilikum abspülen, trocken tupfen und die Blättchen von den Stängeln zupfen. Einige Blättchen zum Garnieren beiseitelegen, restliche Blättchen fein schneiden. Frühlingszwiebeln putzen, abspülen, abtropfen lassen und in Scheiben schneiden.

5. Essig und Senf verrühren, mit Salz, Pfeffer und 1 Prise Zucker würzen. Rapsöl unterschlagen. Mit Tomatenwürfeln, Basilikum, Nudeln und Oliven vermischen. Salat etwa 30 Minuten durchziehen lassen.

6. Melonen-Fruchtfleisch fein würfeln. Den Schinken in Streifen schneiden, mit Melonenwürfeln unter den Nudelsalat geben. Den Salat mit den beiseitegelegten Basilikumblättchen garniert servieren.

PASTASALAT ALLA NORCINA

 Zubereitungszeit: 40 Minuten

ZUTATEN FÜR
4–6 PORTIONEN

300 g kurze Nudeln,
z. B. Pipe Rigate

Salz

2 Schalotten

400 g gemischte Pilze,
z. B. Champignons, Kräuter-
seitlinge, Shiitakepilze

250 g Cocktailtomaten

175 ml heiße Gemüsebrühe

gem. Pfeffer

2–3 TL Basilikum-Pesto
(aus dem Glas)

500 g Salsicce
(ital. rohe, grobe Bratwürste)

2 EL Olivenöl

1–2 EL Zitronensaft

1 Radicchio (etwa 175 g)

200 g Joghurt (3,5 % Fett)

etwa 50 g Parmesan, im
Stück

Pro Portion:

E: 27 g, F: 38 g, Kh: 51 g,
kcal: 656

1. Wasser in einem großen Topf zugedeckt zum Kochen bringen. Dann Salz und Nudeln zugeben. Die Nudeln im geöffneten Topf bei mittlerer Hitze nach Packungsanleitung bissfest kochen, dabei gelegentlich umrühren.

2. Inzwischen Schalotten abziehen und in feine Würfel schneiden. Pilze putzen, evtl. kurz abspülen und gut trocken tupfen. Die Tomaten abspülen, abtrocknen und halbieren.

3. Die gegarten Nudeln in ein Sieb geben, mit kaltem Wasser abspülen und abtropfen lassen.

4. Die heiße Brühe mit etwas Salz, etwas Pfeffer und dem Pesto in einer Schüssel verrühren. Die Nudeln untermischen und lauwarm abkühlen lassen.

5. Inzwischen Wurstbrät aus den Bratwurstpellen drücken und zu kleinen Klößchen formen. Eine beschichtete Pfanne erhitzen, die Salsicce-Klößchen darin unter Wenden etwa 3 Minuten rundherum braun braten, herausnehmen und auf einen Teller geben.

6. Olivenöl in der Pfanne erhitzen. Die Pilze mit den Schalottenwürfeln darin unter Wenden bei mittlerer Hitze braun braten. Anschließend mit Salz, Pfeffer und Zitronensaft würzen.

7. Radicchio putzen, abspülen, gut abtropfen lassen und die Blätter in mundgerechte Stücke schneiden oder zupfen.

8. Den Joghurt unter die Nudeln mischen, mit Salz und Pfeffer würzen. Salsicce-Klößchen und Tomaten unter die Nudeln heben. Pilze und Radicchio untermischen.

9. Den Pasta-Salat mit Pilzen und Radicchio auf einer Platte anrichten. Den Parmesan in Spänen daraufhobeln.

 TIPP:

Den Salat nach Belieben mit vorbereiteten, frischen Kräutern garnieren.

PENNE-BLUMEN-KOHL-SALAT

ZUTATEN FÜR 10 PORTIONEN

750 g Blumenkohl

Salz

500 g Penne tricolori oder einfarbige Penne-Nudeln

400 g Cocktailtomaten

1 Bund Petersilie

300 g Hähnchenbrustaufschnitt

Für die Sauce:

5 EL Weißweinessig

gem. Pfeffer

1 EL Zucker

100 ml mildes Speiseöl

150 g geraspelter Höhlen-Käse

Zum Bestreuen:

30 g geröstete Pinienkerne

Pro Portion:

E: 19 g, F: 18 g, Kh: 40 g, kcal: 410

1. Von dem Blumenkohl die Blätter entfernen. Blumenkohl in Röschen teilen, abspülen und abtropfen lassen. Blumenkohlröschen in kochendem Salzwasser etwa 5 Minuten garen, herausnehmen, in kaltem Wasser abschrecken und in einem Sieb abtropfen lassen.

2. Die Nudeln im geöffneten Topf bei mittlerer Hitze nach Packungsanleitung kochen lassen, dabei zwischendurch 4–5-mal umrühren. Anschließend die Nudeln in ein Sieb geben, mit kaltem Wasser abspülen, abtropfen und erkalten lassen.

3. Tomaten abspülen, abtrocknen und eventuell halbieren. Petersilie abspülen und trocken tupfen. Die Blättchen von den Stängeln zupfen und grob zerschneiden. Hähnchenbrustaufschnitt in schmale Streifen schneiden.

4. Für die Sauce Essig mit 1 gestrichenen Teelöffel Salz, Pfeffer und Zucker verrühren. Öl unterschlagen.

5. Blumenkohlröschen, Nudeln, Tomaten, Petersilie, Fleisch und den Käse in einer großen Schüssel anrichten. Die Sauce überträufeln. Den Penne-Blumenkohl-Salat mit Pinienkernen bestreut servieren.

 TIPPS:

Statt Hähnchenbrustaufschnitt können Sie alternativ auch 300 g Pulled Pork (vom Grillen übriggeblieben oder fertig gekauft) verwenden.

Pasta und Blumenkohlröschen können sie praktischerweise bereits am Vortag zubereiten und mit dem Dressing gemischt und mit Folie bedeckt im Kühlschrank lagern. Zum Servieren dann die übrigen Zutaten vorbereiten.

Die Pasta-Blumenkohl-Mischung und das Dressing mit etwas heißer Gemüsebrühe (etwa 100 ml), Essig, Salz und Pfeffer aufrühren und nochmals würzig abschmecken. Mit den übrigen Zutaten als Salat anrichten und nach Belieben noch etwas Öl und Essig darüberträufeln.

SPÄTZLE-PFIFFERLINGS-SALAT

ZUTATEN FÜR 4 PORTIONEN

200 g Spätzle

Salz

Für die Vinaigrette:

1 Stange Lauch (etwa 250 g)

2 EL Speiseöl

175 ml Gemüsebrühe

3 EL Balsamico-Essig

1 TL körniger Senf

gem. Pfeffer

300 g Pfifferlinge oder
Champignons

200 g geräucherter Puten-
brust-Aufschnitt

200 g kleine Cocktailtomaten

1 Bund glatte Petersilie

Pro Portion:

E: 21 g, F: 8 g, Kh: 41 g,
kcal: 339

1. Die Spätzle in kochendem Salzwasser nach Packungsanleitung bissfest garen.

2. Anschließend die Spätzle in ein Sieb geben, mit kaltem Wasser abspülen und abtropfen lassen.

3. Für die Vinaigrette Lauch putzen, die Stange längs halbieren, gründlich waschen, abtropfen lassen und in sehr feine Streifen schneiden. 1 Esslöffel des Speiseöls in einer Pfanne erhitzen. Lauchstreifen darin 1–2 Minuten andünsten, Brühe hinzugießen. Essig, körnigen Senf, Salz und Pfeffer unterrühren. Die noch warmen Spätzle mit der Vinaigrette vermischen und erkalten lassen.

4. Pfifferlinge oder Champignons putzen, evtl. kurz abspülen und gut trocken tupfen. Große Pfifferlinge oder Champignons evtl. halbieren. Putenbrust-Aufschnitt in Streifen schneiden. Tomaten abspülen, trocken tupfen, vierteln und die Stängelansätze herausschneiden.

5. Petersilie abspülen, trocken tupfen und die Blättchen von den Stängeln zupfen.

6. Restliches Speiseöl in einer Pfanne erhitzen. Pfifferlinge oder Champignons darin unter Wenden etwa 4 Minuten kräftig anbraten. Mit Salz und Pfeffer würzen. Pfifferlinge oder Champignons herausnehmen.

7. Petersilienblättchen, Pfifferlinge oder Champignons, Putenbruststreifen und Tomatenviertel unter die Spätzle mischen. Den Salat nochmals mit Salz, Pfeffer und evtl. etwas Essig abschmecken.

 TIPP:

Frische Wild- oder Kulturpilze sind für die leichte Küche perfekt. Denn Pilze liefern durchschnittlich nur 25 kcal pro 100 g und sind dabei fast fettfrei. Dafür enthalten sie rund 30 % des täglichen Bedarfs an Vitamin B2 und Niacin (Vitamin B3). Also planen Sie in Ihrer Küche ruhig öfter einmal Pilze mit ein. Achten Sie beim Einkauf unbedingt auf absolute Frische, da das in Pilzen enthaltene hochwertige pflanzliche Eiweiß sehr empfindlich ist und schnell verdirbt. Die Pilze sollten keine Druck- oder Weichstellen haben, die Schnittstellen möglichst hell und frisch sein.

TORTELLINI-SALAT

 Zubereitungszeit: 30 Minuten, ohne Durchziehzeit

ZUTATEN FÜR 2 PORTIONEN

400 g Tortellini mit Käse-
füllung (aus dem Kühlregal)

250 g Tomaten

100 g Kochschinken,
in Scheiben

Für die Salatsauce:

1 Knoblauchzehe

½ Bund Schnittlauch

3 EL weißer Balsamico-Essig

Salz

gem. Pfeffer

1 Prise Zucker

4–5 EL Olivenöl

Pro Portion:

E: 31 g, F: 42 g, Kh: 67 g,
kcal: 774

1. Die Tortellini nach Packungsanleitung zubereiten, dann in ein
Sieb geben, kurz mit kaltem
Wasser abspülen, abtropfen und
erkalten lassen.

2. Die Tomaten abspülen,
abtrocknen, vierteln und die
Stängelansätze herausschneiden.
Die Tomaten entkernen und in
Spalten schneiden. Schinken in
kleine Stücke oder Streifen
schneiden.

3. Für die Sauce Knoblauch
abziehen und fein würfeln oder
durch eine Knoblauchpresse
drücken. Schnittlauch abspülen,
trocken tupfen und in feine
Röllchen schneiden.

4. Essig mit Knoblauch verrühren, mit Salz, Pfeffer und 1 Prise
Zucker würzen. Das Olivenöl
unterschlagen. Dann die Schnittlauchröllchen unterrühren.

5. Tortellini, Tomatenspalten
und Schinkenstücke oder
-streifen in eine große Schüssel
geben. Die Salatsauce hinzugeben und untermischen. Den Salat
zugedeckt etwa 30 Minuten im
Kühlschrank durchziehen lassen.

6. Den Salat vor dem Servieren
vorsichtig durchmischen und
nochmals mit Salz und Pfeffer
abschmecken.

 TIPPS:

Der Tortellini-Salat kann
als vegetarische Variante
ohne Schinken zubereitet
werden. Den Schinken
dann durch 200–250 g
geputzte, in Scheiben
geschnittene Champignons
ersetzen.

Der Tortellini-Salat ist für
2 Portionen zum Sattessen
geeignet – als Beilage
reicht er für 4 Portionen.

TÜRKISCHER REISNUDELSALAT

 Zubereitungszeit: 60 Minuten

ZUTATEN FÜR 4 PORTIONEN

250 g Arpa Sehriye oder Kritharaki (reiskornförmige Nudeln)

Salz

30 g Pinienkerne

250 g Lammfilets

gem. Pfeffer

2 EL Olivenöl

250 g gelbe Spitzpaprikaschoten

1 Zucchini

1 Bund Frühlingszwiebeln

1 Bund glatte Petersilie

Für die Sauce:

4 EL Zitronensaft

etwas Pul Biber (geschrotete Pfefferschoten)

½ gestr. TL gem. Kreuzkümmel (Cumin)

50 ml Olivenöl

Pro Portion:

E: 21 g, F: 20 g, Kh: 63 g, kcal: 514

1. Die Nudeln in kochendem Salzwasser nach Packungsanleitung bissfest garen.

2. Anschließend die Nudeln in ein Sieb geben, mit kaltem Wasser abspülen und abtropfen lassen.

3. In der Zwischenzeit die Pinienkerne in einer Pfanne ohne Fett unter Wenden goldbraun rösten, herausnehmen und auf einen Teller geben. Lammfilets mit Küchenpapier abtupfen, mit Salz und Pfeffer würzen. Das Olivenöl in einer Pfanne erhitzen. Die Lammfilets darin unter Wenden etwa 10 Minuten braten. Die Filets aus der Pfanne nehmen, in Alufolie einwickeln und ruhen lassen.

4. Spitzpaprikaschoten halbieren, entstielen, entkernen und die weißen Scheidewände entfernen. Schoten abspülen, abtropfen lassen und in dünne, halbe Ringe schneiden. Zucchini abspülen, abtrocknen und die Enden abschneiden. Zucchini fein würfeln.

5. Frühlingszwiebeln putzen, abspülen, abtropfen lassen und in feine Scheiben schneiden. Petersilie abspülen, trocken tupfen und die Blättchen von den Stängeln zupfen. Blättchen klein schneiden.

6. Nudeln, Paprikaringe, Zucchiniwürfel, Frühlingszwiebelscheiben und Petersilie in eine große Schüssel geben.

7. Für die Sauce Zitronensaft mit Salz, Pfeffer, Pul Biber und Kreuzkümmel verrühren. Das Olivenöl unterschlagen. Die Sauce mit den Salatzutaten vermengen und den Salat nochmals abschmecken. Lammfilets in Würfel oder Scheiben schneiden, mit den Pinienkernen hinzugeben und den Salat servieren.

 TIPPS:

Reisnudeln sind kleine, reisförmige Nudeln. In Griechenland heißen sie Kritharaki und in der Türkei Arpa Sehriye.

Der Salat kann bis auf Punkt 2 gut am Vortag zubereitet werden und zugedeckt im Kühlschrank durchziehen. Etwa 30 Minuten vor dem Servieren den vorbereiteten Salat aus dem Kühlschrank nehmen, das Lammfleisch und die Pinienkerne, wie in Punkt 2 beschrieben zubereiten und mit dem vorbereiteten Salat anrichten.

JAPANISCHER RAMENSALAT

 Zubereitungszeit: 50 Minuten, ohne Durchziehzeit

ZUTATEN FÜR 6 PORTIONEN

600 g Ramen, japanische
Weizennudeln

Salz

500 g Thunfischfilet

5 EL Speiseöl

500 g Frühlingszwiebeln

1 Bund Knoblauch-
Schnittlauch

200 g Shiitakepilze

Für die Marinade:

5 EL Sojasauce

gem. Pfeffer

6 EL Sesamöl oder Speiseöl

Zum Bestreuen:

1 TL rosa Pfefferbeeren

Pro Portion:

E: 31 g, F: 32 g, Kh: 82 g,
kcal: 738

1. Die Nudeln in kochendem Salzwasser nach Packungsanleitung bissfest garen.

2. Anschließend die Nudeln in ein Sieb geben, mit kaltem Wasser abspülen und abtropfen lassen.

3. Thunfischfilet mit Küchenpapier abtupfen, evtl. Gräten entfernen. Thunfisch in kleine Stücke schneiden. 3 Esslöffel des Speiseöls in einer Pfanne erhitzen. Thunfischstücke darin von allen Seiten 1–2 Minuten anbraten und aus der Pfanne nehmen.

4. In der Zwischenzeit die Frühlingszwiebeln putzen, abspülen, abtropfen lassen, in feine Scheiben schneiden. Schnittlauch abspülen, trocken tupfen (einige Halme zum Garnieren beiseitelegen) und in Röllchen schneiden. Pilze putzen, evtl. kurz abspülen und gut trocken tupfen. Pilze in Stücke schneiden. Restliches Speiseöl in einer Pfanne erhitzen. Pilzstücke darin kurz anbraten. Pilzstücke mit den vorbereiteten Salatzutaten in einer Schüssel mischen.

5. Für die Marinade Sojasauce mit Salz und gemahlenem Pfeffer verrühren. Sesam- oder Speiseöl unterschlagen. Die Salatzutaten mit der Marinade übergießen und vermengen. Den Salat zugedeckt im Kühlschrank etwa 1 Stunde durchziehen lassen.

6. Den Salat nochmals mit den Gewürzen abschmecken. Mit Pfefferbeeren bestreuen und mit den beiseitegelegten Schnittlauchhalmen garniert servieren.

 TIPP:

Ramen sind in gut sortierten Supermärkten und Asialäden erhältnlich.

MINI-MUSCHEL-NUDEL-SALAT MIT MANGO

ZUTATEN FÜR 6 PORTIONEN

| etwa 750 g Lachsfilet |
| 2 EL Olivenöl |
| Salz |
| gem. Pfeffer |
| 250 g Mini-Muschel-Nudeln |
| 2 reife Mangos (etwa 750 g) |
| 1 Granatapfel (etwa 400 g) |

Für das Dressing:

| 2–3 Stängel Minze |
| 100 ml weißer Balsamico-Essig |
| 50 ml Sweet- & Sour-Sauce |
| 125 ml Olivenöl |

Pro Portion:

E: 31 g, F: 37 g, Kh: 49 g, kcal: 666

1. Das Lachsfilet mit Küchenpapier abtupfen und in mundgerechte Stücke schneiden, dabei evtl. vorhandene Gräten entfernen.

2. Das Olivenöl in einer großen Pfanne erhitzen. Die Lachsstücke darin unter Wenden etwa 3 Minuten anbraten, mit Salz und gemahlenem Pfeffer würzen, dann aus der Pfanne nehmen.

3. Die Nudeln in kochendem Salzwasser nach Packungsanleitung bissfest garen.

4. Anschließend die Nudeln in ein Sieb geben, mit kaltem Wasser abspülen und abtropfen lassen.

5. Die Mangos schälen und das Fruchtfleisch vom Stein schneiden. Das Fruchtfleisch fein würfeln.

6. Den Granatapfel halbieren, in mehreren Teilen auseinanderbrechen und die Kerne vorsichtig aus den Scheidewänden lösen (Vorsicht: Es spritzt und färbt!).

7. Für das Dressing Minze abspülen, trocken tupfen und die Blättchen von den Stängeln zupfen. Einige Blättchen zum Garnieren beiseitelegen. Die restlichen Blättchen klein schneiden.

8. Balsamico-Essig mit Sweet- & Sour-Sauce verrühren, die Minze unterrühren, mit Salz und gemahlenem Pfeffer würzen. Das Olivenöl unterschlagen.

9. Die Nudeln mit den Mangowürfeln und den Granatapfelkernen mischen, das Dressing untermischen. Zuletzt die Lachsstücke vorsichtig unterheben. Den Salat zugedeckt etwa 1 Stunde im Kühlschrank durchziehen lassen.

10. Zum Servieren den Salat nochmals durchmischen, abschmecken und mit den beiseitegelegten Minzeblättchen garnieren.

NUDELSALAT MIT SPARGEL UND SHRIMPS

🕐 Zubereitungszeit: 30 Minuten, ohne Auftauzeit

ZUTATEN FÜR 4 PORTIONEN

175 g TK-Shrimps

300 g Muschelnudeln

Salz

250 g grüner Spargel

Für die Sauce:

2 Zwiebeln

5 EL Distelöl

etwas Spargelbrühe (von dem Spargel)

gem. Pfeffer

1 Prise Zucker

2 EL Zitronensaft

12 Cocktailtomaten

1 Bund Schnittlauch

Pro Portion:

E: 20 g, F: 10 g, Kh: 56 g, kcal: 403

1. Shrimps nach Packungsanleitung auftauen lassen, anschließend mit Küchenpapier abtupfen.

2. Die Nudeln in kochendem Salzwasser nach Packungsanleitung bissfest garen.

3. Anschließend die Nudeln in ein Sieb geben, mit kaltem Wasser abspülen, abtropfen und erkalten lassen.

4. Von dem grünen Spargel das untere Drittel schälen und die Enden abschneiden. Spargelstangen abspülen, abtropfen lassen und in etwa 4 cm lange Stücke schneiden. Die Spargelstücke in kochendem Salzwasser etwa 5 Minuten bissfest garen. Dann die Spargelstücke in ein Sieb geben, dabei die Brühe auffangen. Spargel mit kaltem Wasser abschrecken und abtropfen lassen.

5. Für die Sauce Zwiebeln abziehen und fein würfeln. Distelöl in einer Pfanne erhitzen. Zwiebelwürfel in die Pfanne geben und andünsten, mit etwas Spargelbrühe ablöschen. Sauce mit Salz, gemahlenem Pfeffer, 1 Prise Zucker und Zitronensaft abschmecken.

6. Nudeln, Spargel und Shrimps mit der Sauce vermischen und auf Tellern anrichten. Tomaten abspülen, trocken tupfen, halbieren und die Stängelansätze herausschneiden. Schnittlauch abspülen, trocken tupfen und in feine Röllchen schneiden.

7. Den Salat mit Tomatenhälften und Schnittlauchröllchen garniert servieren.

PASTASALAT „BELLA ITALIA"

ZUTATEN FÜR 6 PORTIONEN

250 g Nudeln,
z. B. Penne, Orecchiette

Salz

250 g Gemüsezwiebeln

200 g Zucchini

200 g Fleischtomaten

200 g Bratenaufschnitt,
z. B. Kalbsbraten

3 EL Balsamico-Essig

gem. Pfeffer

gerebelter Oregano

4 EL Olivenöl

12 abgetropfte schwarze
Oliven, ohne Stein

2 TL abgetropfte Kapern
(aus dem Glas)

Für die Thunfischsauce:

185 g Thunfisch in Öl
(aus der Dose)

150 g Joghurt (3,5 % Fett)

1 EL Salatmayonnaise

1 Topf Basilikum

Pro Portion:

E: 26 g, F: 30 g, Kh: 41 g,
kcal: 549

1. Die Nudeln in kochendem Salzwasser nach Packungsanleitung bissfest garen. Anschließend die Nudeln auf ein Sieb geben, mit kaltem Wasser abspülen und abtropfen lassen.

2. Gemüsezwiebeln abziehen, halbieren und in dünne Scheiben schneiden. Zucchini abspülen, abtrocknen und die Enden abschneiden. Zucchini in dünne Scheiben schneiden. Zwiebel- und Zucchinischeiben in wenig kochendes Salzwasser geben, einmal aufkochen lassen. Dann auf ein Sieb geben, mit kaltem Wasser übergießen und abtropfen lassen.

3. Tomaten kreuzweise einschneiden und mit kochendem Wasser übergießen. Nach 1–2 Minuten herausnehmen und mit kaltem Wasser abschrecken. Tomaten häuten, halbieren und die Stängelansätze herausschneiden. Tomaten entkernen und in Spalten schneiden. Bratenaufschnitt in Streifen schneiden.

4. Essig mit Salz, Pfeffer und Oregano verrühren. Olivenöl unterschlagen. Die Sauce mit den vorbereiteten Zutaten, Oliven und Kapern in einer Schüssel vermengen. Den Salat etwa 20 Minuten durchziehen lassen.

5. Für die Thunfischsauce Thunfisch mit dem Öl, Joghurt und Mayonnaise in einen Rührbecher geben und fein pürieren. Die Sauce mit Salz und Pfeffer abschmecken.

6. Basilikum abspülen und trocken tupfen. Die Blättchen von den Stängeln zupfen. Die Sauce damit garnieren. Die Thunfischsauce zu dem Salat reichen.

 TIPPS:

Den Pasta-Salat als kaltes Hauptgericht mit Ciabatta oder als Partysalat servieren.

Anstelle von Bratenaufschnitt können Sie auch 150 g gegrilltes oder geräuchertes, in Scheiben geschnittenes Hähnchenbrustfilet verwenden.

REISNUDELSALAT MIT GARNELEN

 Zubereitungszeit: 30 Minuten, ohne Auftauzeit

ZUTATEN FÜR 4 PORTIONEN

600 g TK-Riesengarnelen
(ohne Kopf und Schale,
entdarmt)

200 g Reisnudeln,
z. B. Bandreisnudeln

2 Knoblauchzehen

40 g Ingwerwurzel

4 EL Limettensaft

75 ml Orangensaft

2−3 EL brauner Zucker

Salz

Cayennepfeffer

2 rote Paprikaschoten
(etwa 400 g)

4 EL Sonnenblumenöl

1 TL dunkles Sesamöl

einige Stängel Basilikum

Pro Portion:

E: 35 g, F: 14 g, Kh: 62 g,
kcal: 518

1. TK-Garnelen nach Packungs-anleitung auftauen. Die Reisnu-deln nach Packungsanleitung zubereiten und in einem Sieb abtropfen lassen.

2. In der Zwischenzeit Knoblauch abziehen und durch eine Knob-lauchpresse drücken. Ingwer schälen und fein reiben. Limet-ten-, Orangensaft und 50 ml Wasser mit Zucker, Knoblauch und Ingwer verrühren, mit Salz und Cayennepfeffer würzen.

3. Paprikaschoten halbieren, ent-stielen, entkernen und die weißen Scheidewände entfernen. Schoten abspülen, abtropfen lassen und in dünne Streifen schneiden.

4. Aufgetaute Garnelen mit Küchenpapier abtupfen und der Länge nach halbieren.

5. Zwei Esslöffel des Sonnenblu-menöls in einer Pfanne erhitzen. Die Paprikastreifen darin bei starker Hitze etwa 2 Minuten anbraten. Garnelenhälften unterrühren. Zitrus-Dressing hinzugießen. Die Zutaten etwa 1 Minute kochen lassen.

6. Die Reisnudeln mit der Paprika-Garnelen-Mischung in einer großen Schüssel vermen-gen. Restliches Sonnenblumenöl mit Sesamöl verschlagen und unter den Salat heben. Den Salat nochmals mit den Gewürzen abschmecken.

7. Basilikum abspülen, trocken tupfen und die Blättchen von den Stängeln zupfen. Blättchen grob zerschneiden und unter den Salat heben.

SKANDINAVISCHER NUDELSALAT

 Zubereitungszeit: 25 Minuten

ZUTATEN FÜR 4 PORTIONEN

250 g Nudeln, z. B. kleine
Penne oder Gabelspaghetti

Salz

Für das Dressing:

4 EL heiße Gemüsebrühe

150 g saure Sahne

gem. Pfeffer

250 g fertig gekaufter
Gurkensalat mit Dill
(aus dem Kühlregal)

140 g abgetropfter Gemüsemais (aus der Dose)

200 g abgetropfte, gegarte
Tiefsee-Garnelen

Zum Garnieren:

etwas frischer Dill

Pro Portion:

E: 20 g, F: 6 g, Kh: 62 g,
kcal: 394

1. Die Nudeln in kochendem Salzwasser nach Packungsanleitung bissfest garen.

2. Anschließend die Nudeln in ein Sieb geben, mit kaltem Wasser abspülen, abtropfen und abkühlen lassen.

3. Für das Dressing Brühe mit saurer Sahne in einer Salatschüssel verrühren. Mit Salz und Pfeffer würzen. Gurkensalat zum Dressing geben und vorsichtig untermischen.

4. Die Nudeln zur Dressing-Gurkensalat-Mischung geben und unterrühren. Den Salat etwa 5 Minuten durchziehen lassen.

5. Mais und Garnelen unter den Nudelsalat heben. Den Salat nochmals mit Salz und Pfeffer abschmecken und mit Dill garnieren.

Rezeptvariante:

Für **Kräuter-Garnelen-Spieße** 6 mittelgroße Garnelen (frisch roh und ohne Schale, oder roh aufgetaut) kalt abspülen, trocken tupfen und je 3 Garnelen auf Holzspieße stecken. Etwas Öl in einer beschichteten Pfanne erhitzen, die Garnelenspieße darin je Seite ½ bis 1 Minute anbraten. 1 Knoblauchzehe abziehen, fein würfeln und darüberstreuen. Mit Salz, Pfeffer und etwas Limettensaft würzen. Nach Belieben zusätzlich in gehackten, gemischten Kräutern wenden und zum Salat servieren.

 TIPP:

Gemüsemais und Gurkensalat mit Dill erhalten sie auch lose zum Abwiegen in gut sortierten Lebensmittelgeschäften mit Salat-Selbstbedienungs-Theke.

ALPHABETISCHES REGISTER

KAPITELREGISTER

HINTER JEDEM TOLLEN BUCH STECKT EIN STARKES TEAM

Projektleitung: *Karin Boonk und Carola Reich*
Redaktion: *Annette Riesenberg*
Korrektorat: *Regina Rautenberg, Nützen*
Rezeptentwicklung: *Olaf Brummel, Steinhagen*
Nährwertberechnungen: *Nutri Service, Hennef;*
Angelika Ilies, Langen
Gestaltungskonzept: *seidldesign.com,*
Wolfgang Seidl, Stuttgart
Satz: *MDH Haselhorst, Bielefeld*
Titelgestaltung: *Büro 18, Friedberg*
Herstellung: *Frank Jansen*
Producing: *Jan Russok*
Druck & Bindung: *optimal media GmbH, Röbel*

UNSER VERLAGSHAUS

Mit Standorten in München, Hamburg und Berlin zählt die Edel Verlagsgruppe zu den größten unabhängigen Buchanbietern Deutschlands. Zur Edel Verlagsgruppe gehört unter anderem ZS mit seinen Lizenzmarken Dr. Oetker Verlag, Kochen & Genießen und Phaidon by ZS.

Die Bücher und E-Books unter der Marke Dr. Oetker Verlag erscheinen als Lizenz in der Edel Verlagsgruppe GmbH
www.oetker-verlag.de
www.facebook.com/Dr. OetkerVerlag
www.instagram.com/Dr. OetkerVerlag

LIEBE LESERINNEN, LIEBE LESER,

seit 130 Jahren gibt es Dr. Oetker Bücher, viele davon sind seit Jahrzehnten im Programm. Mit jedem Buch, mit jeder Aktualisierung eines unserer Klassiker erfinden wir uns neu. Was bleibt, ist immer der Kern unserer Bücher: praktisch müssen sie sein und funktionieren muss alles. Gerne auch mal den einen oder anderen Kniff anbieten, den Sie vielleicht noch nicht kannten. Deshalb kommen Ihnen die Dr. Oetker Bücher so modern und frisch und doch so vertraut vor.

Viel Spaß und viel Erfolg wünschen wir Ihnen auch mit diesem Buch.
Ihre Dr. Oetker Verlagsredaktion

1. Auflage 2022
© 2022 Edel Verlagsgruppe GmbH
Kaiserstraße 14 b
D–80801 München
ISBN: 978-3-7670-1852-5

BILDNACHWEIS

Titelfoto:
StockFood / Profimedia

Foodfotografie:
Barbara Bonisolli, München: S. 53, 59, 61, 67
Walter Cimbal, Hamburg: S. 55
Studio Diercks Media GmbH
(Kai Boxhammer, Silje Paul), Hamburg:
S. 9, 13, 45, 51, 57, 63, 65, 73, 77, 81, 83
Fotostudio Eising, München: S. 4, 23, 71
Kramp+Gölling, Reeßum: S. 7, 11, 15, 17, 19, 21, 25, 29, 31, 33, 35, 37, 39, 43, 47, 49, 69, 75, 79, 85
Antje Plewinski, Berlin: S. 5, 73
Anke Politt, Hamburg: S. 27, 41